9N 2014

9N 2014

Jaume Barberà

Una conversa amb Josep Maria Fonalleras

GRUPO ZETA

Barcelona • Madrid • Bogotà • Buenos Aires • Caracas • Mèxic D.F. • Miami • Montevideo • Santiago de Xile

1a edició: març 2014

Consell de Cent 425-427 - 08009 Barcelona (Espanya)
www.edicionesb.com

Printed in Spain
ISBN: 978-84-666-5453-1
Dipòsit legal: B. 1.846-2014

Imprès per LIBERDÚPLEX, S.L.U.
Ctra. BV 2249 Km 7,4 Polígono Torrentfondo
08791 - Sant Llorenç d'Hortons (Barcelona)

A totes les persones que,
desinteressadament, s'han tornat a implicar.
I a totes les que s'ho estiguin pensant.

Els llocs més foscos de l'infern estan reservats per a aquells que mantenen la neutralitat en èpoques de crisi.

DANTE ALIGHIERI

Quan no hi ha enemics dintre, els de fora no poden fer-te mal.

WINSTON CHURCHILL

Em torno a trobar amb Jaume Barberà i mantenim una conversa a batzegades, en cinc sessions de dissabte al matí, a partir d'un guió que s'anirà fent i desfent, amb els seus excursos retòrics que sempre recuperen el fil de la conversa, i que pivota —el guió— al voltant de dos eixos que són imprescindibles per a la seva lectura de la realitat. La situació econòmica i social, per un costat, i, per un altre, les expectatives de concreció de la sobirania nacional catalana. Ha passat un any des que ens vam trobar per parlar amb distensió sobre aquests temes (i sobre uns quants més), i d'aquelles converses, del seu pòsit de ciutadà amb consciència, en va emergir un «bròquil» —podem dir-ne així— que va ser en extrem gustós i nutritiu. El resum d'aquell llibre era la constatació que s'havia arribat a un final d'etapa, fins i tot m'atreviria a dir que a un canvi d'època. No solament s'acabava el bròquil —és a dir, un determinat estat de coses—, sinó que també arribava a la seva fi una manera de veure-les i d'enfrontar-s'hi. Barberà no pretenia fer un llibre saberut o acadèmic sobre la crisi o sobre Catalunya i el seu futur (o sobre totes dues coses), sinó que, sobretot, advocava per una òptica combativa, a peu pla, per a la gent del carrer, per al ciutadà que reclama veus que parlin de l'ara i del com. De l'ara, com a present que ens incomoda, ens atenalla, ens desconcerta; i del com, en el sentit de disposar d'eines per afrontar la nostra realitat i per copsar quines expectatives tenim per al demà.

El Barberà que trobo, un any després, no difereix gaire (per no dir gens) del periodista implicat i rigorós d'aleshores. Ha viscut l'experiència del llibre amb una dosi de satisfacció natural però allunyada, alhora, del cofoisme erm. Hi veu un pas més en la seva concepció del periodisme combatiu. Millor: implicat. Del ciutadà que sent com una obligació fer sentir la seva veu i poder compartir-la amb els altres per tal d'intervenir i no solament d'observar. És una mica l'antítesi d'aquell personatge de Calvino, el senyor Palomar, que es dedicava a mirar el món i a descriure'l, sense oposar-s'hi, sense intenció de canviar-lo o de modificar-lo. Jaume Barberà, amb la seva sintaxi habitual, amb els seus gestos reflexius, amb els silencis eloqüents, escenifica de nou una particular, singular percepció de les coses. Es fonamenta en coneixements diversos i amplis i, de manera especial, en la capacitat d'escoltar, d'acumular experiències i savieses que van des de la veu de quirats de l'expert fins a la confessió de la dona que assisteix a una de les seves conferències i li parla del fill que ha hagut d'emigrar. Passant, és clar, per les recerques constants; per la introducció de noves dades que vénen a justificar, assegurar o rebatre arguments; per la interactuació cada dia més explícita en les xarxes socials. Barberà actua —també en aquesta conversa privada— a partir de tres paràmetres que, potser fins i tot inconscientment, fa servir com a norma de conducta. L'òsmosi, és a dir, la permeabilitat, la capacitat d'acumular i assumir els arguments aliens o d'irrompre en els de l'altre amb constància i consistència; la identificació, és a dir, l'assumpció dels anhels o els neguits de l'altre com a propis; i la seducció o la voluntat de fer-se escoltar no solament a través del discurs estructurat i seriós sinó també de l'exemple i la ironia.

Aquest és el Barberà que he trobat en cinc intenses converses sabatines.

Una experiència compartida

Els expresso amb molta sinceritat i, a vegades, amb vehemència, el que sento, i intento fer-los arribar l'anàlisi que faig del moment en què ens trobem.

Josep Maria Fonalleras: *Jaume, en* S'ha acabat el bròquil *recordo que parlaves d'una «sortida de l'armari», en el sentit que, més enllà de les publicacions relacionades amb els teus programes de televisió, era la primera vegada que, per dir-ho així, t'exposaves com a referent per a moltes persones. Tu i els teus plantejaments. T'ha incomodat aquest «viatge»? De ser reconegut com a periodista a ser-ho també (i amb més intensitat) per tot allò que deies al llibre?*

Jaume Barberà: Sí, m'incomoda, encara que això de «ser referent» és molt relatiu. Però bé, vius molt millor quan ets conegut per «sortir» que no pas per «dir». Però, com ja he explicat moltes vegades, davant d'una situació d'emergència s'ha de prendre partit, cadascú des del seu lloc. I fer-ho amb honestedat, passi el que passi.

En el meu cas, no sóc equívoc. Dic on sóc i ho intento argumentar. No és una moda, un posat, una estètica líquida.

Ara bé, el fet que jo pensi així o aixà no condiciona el meu treball com a periodista, és a dir, no em fa informar de manera esbiaixada.

F.: *El periodisme intencional que deies....*

J.B.: Sí, això. No faig taquigrafia. Tot el que faig té una «intenció».

No ser equívoc té els seus riscos, sobretot si es viu en una societat on hi ha grans dosis de cinisme, de corrupció i oportunisme, de clientelisme, amiguisme i «arribisme». Mira, ara em ve al cap allò que va dir fa uns quants mesos José Sevilla, conseller de la presidència de Bankia: «*Bankia ha ayudado a mejorar la imagen de España.*» Davant de declaracions com aquesta —i de centenars d'exemples similars— és impossible mantenir-se al marge.

F.: *Una de les teves activitats, els últims mesos, i de manera continuada, són les conferències, en àmbits molt diferents. A les universitats, però també en centres cívics o convocat per entitats socials. Sempre amb molta gent, segons m'han dit, amb centenars de persones. Com ho afrontes?*

J.B.: Et sóc ben sincer, Josep Maria. Malament. Em costa molt decidir-me quan se'm convida. Prou que ho saben els que han passat per aquest tràngol!

Al final, si acabo dient que sí, és perquè, majoritàriament, és la societat civil que em fa la proposta, conciutadans que volen complementar el que ja pensen i saben amb altres punts de vista.

Com que no sóc un *snake oil seller*, és a dir, un engalipador, m'impressiona arribar a un acte on, per exemple, hi ha més de 500 persones un divendres a les 8 del vespre per escoltar el que jo els pugui transmetre.

Abans de començar et fas moltes preguntes i comences a suar. Mires els ulls de la gent i sempre et sembla que en veus que et miren malament.

Comença la por escènica i en algunes ocasions voldries marxar. La mateixa sensació que a vegades tinc quan sents la sintonia d'entrada d'un programa a la tele.

Notes com el teu cor batega més ràpid, i et preguntes: «Què faig aquí? No sóc polític, no milito en cap partit polític, no sóc un intel·lectual i tinc moltes contradiccions, pors i dubtes. Què faig aquí?». Però ja no puc ferme enrere, ja sóc allà; així és que, sense papers ni guió i sense conèixer personalment cap de les persones que hi ha a la sala, els parlo com si parlés a un amic en confiança. Els expresso amb molta sinceritat i, a vegades, amb vehemència, el que sento, i intento fer-los arribar l'anàlisi que faig del moment en què ens trobem. També els demano perdó per si m'equivoco.

F.: *Sense guió, dius? I sense variar el contingut en funció de l'audiència...*

J.B.: Per descomptat. Sense guió, perquè has d'estar atent a les expectatives que es puguin generar i actuar en consonància amb el que perceps en aquell moment.

I alhora sense embuts, de manera clara i sense subterfugis ni adotzenaments. Participo del que m'expressa la gent que assisteix als actes on vaig.

El fet que també els parli de coses personals fa més creïble tot el que pugui afirmar després. No els enganyo. Al contrari. Explico que el 2016 seré acomiadat perquè hauré comès el delicte de complir seixanta-un anys; els explico que tinc un fill al Brasil, víctima de la «*movilidad exterior*»; els explico que he patit, com tants d'altres, una reducció de sou superior al 20%, etc. Aleshores es produeix una mena de simbiosi, perquè saben que no els parla una persona aliena, de la tele i de Barcelona, freda i distant, sinó algú com ells. Tot és més real, més de tots, ja que no és un posat, sinó la interiorització i l'exposició d'un malestar i d'un ofec que necessita ser explicat per afegir-se a la necessitat, avui majoritària a Catalunya, de canvi.

En alguns actes, la xerrada que hauria d'haver durat 90 minuts, amb preguntes incloses, acaba al cap de 240. I no exagero. Em sorprèn que la gent aguanti tant temps en una sala escoltant algú que no els explica pallassades i que, a més, tampoc no els vol, conscientment, entretenir. No són, doncs, xerrades en el sentit estricte que coneixem, és a dir, arribes, parles i te'n vas. Es converteixen en un intercanvi fluid, en la satisfacció d'una necessitat. Una mena de catarsi, si m'ho deixes dir així.

Més enllà de qüestions d'ego, els que viuen de la política sense vocació de servei, sense ser ni voler ser servidors públics, i la seva claca, ja sigui acadèmica, mediàtica i/o intel·lectual, haurien de reflexionar profundament sobre les causes que fan que milers de persones assisteixin a actes com els que t'he descrit. I que consti que hi ha altres persones conegudes que fan el mateix que jo i també omplen. És a dir, haurien de voler entendre per què la majoria hem dit prou, hem dit que s'ha acabat.

Haurien de voler entendre que la majoria hem percebut que la seva genuflexió davant el poder financer, és a dir, davant dels amos del casino, que és a qui serveixen amb pulcritud i diligència, ha arribat a corrompre la democràcia, i el que encara és pitjor: ens condemna a viure sense drets ni dignitat.

F.: *Ets absolutament contundent, Jaume, és cert, però em puc imaginar un auditori més o menys homogeni. És a dir, de gent que conforma un determinat dibuix, que participa d'una mateixa «lluita», sí, en podríem dir «lluita».*

J.B.: Te'n faries creus. Des de fora, et pots pensar que el que acabo de dir només ho veuen i comparteixen els «perroflautes», els «iaioflautes», els antisistema, els seguidors de Forcades-Oliveres, d'Ada Colau, extremistes diversos, o diguem-ho més gros, amb més tòpics: frustrats, depressius, fracassats i un llarg etcètera. Doncs, no! No és així de cap manera.

Majoritàriament, les persones que jo veig als actes són de classe mitjana. Gent d'ordre, per entendre'ns, i de més de quaranta anys, en general. Petits i mitjans empresaris, botiguers, professionals diversos, funcionaris, autònoms, assalariats, famílies senceres, jubilats... Cal recordar que el canvi sempre l'impulsen els que no estan bé i aconsegueixen ser majoria, els empari o no els empari la llei.

F.: *És a dir, perceps una espècie de marea que no respon a arquetips.*

J.B.: I tant. Tingues-ho per descomptat. A més, el que em sembla molt clar és que, si en lloc d'insultar des de la més absoluta arrogància i prepotència, ja sigui el rei quan parla de quimera; el Rajoy, de deriva; el González, d'impossibles; o la Chacón, de ruptura; si tot aquest personal s'esforcés a voler saber, no dirien tantes estupideses. A voler saber, dic. Escolta-ho bé.

No entenen o no volen entendre, cosa que encara és molt pitjor, que el malestar que hi ha en general —i a Catalunya, en particular— sorgeix de les classes populars. És a dir, sorgeix de baix cap a dalt. I, precisament per això, l'estelada avui ja no s'entén sense regeneració democràtica ni justícia social. Gràcies a Déu! Tan difícil és veure que el procés català és il·lusió col·lectiva de canvi?

Abandonar la superfície per endinsar-se en els orígens

Sincerament, no crec que la premsa estigui fent i hagi fet, amb la contundència que exigeix la democràcia, el paper que li correspon.

F.: *D'acord. En això estem d'acord. Si hem arribat fins aquí no ha estat només per una mena de devoció metafísica, sinó perquè, en l'equació política vigent, sobirania és igual a regeneració. Però, si et sembla, ja en parlarem més endavant. M'agradaria que aprofundissis més en aquesta distància cada cop més evident entre el polític i el poble. No tots, és clar, però un determinat tipus de polític, sí. El poder, diguem-ho així.*

J.B.: Mira. Jim Kouri, vicepresident i portaveu de l'Associació de Caps de Policia dels Estats Units, en un informe fet el 2009 amb motiu de la crisi, va dir que els càrrecs públics tenen molt en comú amb Jack l'Esbudellador o Charles Manson. Per a Kouri, la classe política es caracteritza per la seva impulsivitat, irresponsabilitat, un comportament parasitari, i una carència absoluta d'objectius vitals realistes. «Fan el que desitgen quan volen», diu Kouri, i afegeix: «Encara que molts polítics renegaran de qualsevol comparació amb un assassí en sèrie, comparteixen amb ells nombroses traces de personalitat.»

F.: *Un pèl excessiu, no? Amb franquesa.*

J.B.: Personalment, trobo exagerades les conclusions de Jim Kouri. De fet, no hi estic d'acord. I en conec uns quants de polítics! El que sí que és veritat és que hi ha polítics amb trets sociopàtics, els mateixos trets que no els fan sentir empatia per les víctimes que causen les seves polítiques asocials. I això no és un insult ni una opinió: són fets. Insultar és, ho vulguis o no, prescindir, no buscar informació de l'altre, del contrari, i aquí, d'informació, en tenim molta. Però, com en tot, la generalització és injusta. També hi ha *brokers*, banquers, economistes i periodistes, per exemple, a qui prestigiosos psicòlegs consideren que tenen trets psicopàtics.

Són molts els autors que han parlat de psicopatia en aquesta crisi. Com que no sóc metge ni psiquiatre ni psicòleg, n'he entrevistat uns quants per saber molt més sobre patologies conductuals i/o trastorns antisocials de la personalitat com, per exemple, la psicopatia. El neuròleg de Harvard, Álvaro Pascual-Leone, em va proposar fer un test un dia per explicar-me coses dels psicòpates. El test és del doctor Kevin Dutton i és aquest:

Imagina't una via de tren que es desdobla. En la primera de les vies hi ha cinc persones lligades als rails i en l'altra via, la segona, només una, també lligada. Un tren s'acosta per la primera via on hi ha les cinc persones. Si ningú no hi posa remei, el tren les atropellarà. Tu ho pots impedir perquè tens a les mans el canvi d'agulles de les vies. Si l'acciones, salves aquestes cinc persones i el tren només matarà l'home que està lligat a la segona via. Ho faries? Canviaries la vida de cinc persones per la d'una sola?

Continuem. Ara pensa en el mateix escenari, però amb algunes diferències. Hi ha només una via de tren amb cinc persones lligades als rails que passen per sota d'un pont on ets al darrere d'un home. Aquesta vegada, no és possible canviar el tren de via, només n'hi ha una, recorda. Aquest cop, per salvar aquestes cinc persones només hi ha una sortida: empènyer l'home que tens davant i fer-lo caure a la via. D'aquesta manera el tren es pararà i no matarà les altres cinc persones que hi ha lligades. Ho faries, empenyeries l'home que tens davant per salvar les cinc persones que hi ha a la via?

F.: *És un dilema moral encara pitjor que l'altre!*

J.B.: En el primer cas, la majoria de les persones opten per fer el canvi d'agulles, és a dir, matar-ne una per salvar-ne cinc. En canvi, en el segon cas, el del pont, on has d'empènyer un home, la majoria de persones decideixen no fer-ho. És curiós, oi? Fixa't que el resultat és el mateix: la mort d'una persona per salvar-ne cinc.

Què faria un psicòpata? Doncs no ho dubtaria gens ni mica: en els dos casos salvaria les cinc persones, ja que considera que algú ha de morir. No tindria cap barrera moral a l'hora d'empènyer l'home que hi ha al pont. Cap. Tampoc no té emocions.

F.: *«Barrera moral», has dit?*

J.B.: Sí. «Barrera moral», he dit. On és la barrera moral dels mandataris que condemnen a l'exclusió centenars de milers de persones a causa de les seves polítiques servils i asocials? On és la barrera moral de tots els economistes i assimilats que subministren ideologia en forma de ciència econòmica als que promouen i estimulen la desigualtat?

Aristòtil deia que l'home era un animal polític. I aquí és on em trobes a mi des del primer moment: en l'esforç de fer entendre que la independència, per exemple, és només un instrument, que no és un fi en ella mateixa. De fer entendre que la desigualtat no és un valor positiu. Em trobes, en definitiva, en aquella idea clàssica de la recuperació del bé comú, és a dir, em trobes en la lluita per evitar que l'home deixi de ser polític i es converteixi només en un animal.

Em trobes en la defensa dels principis que l'economista xilè Manfred Max-Neef diu que han de regir l'economia:

1. L'economia ha de servir les persones i no les persones l'economia.
2. El desenvolupament es refereix a les persones, no a les coses.
3. Creixement no és el mateix que desenvolupament i el desenvolupament no requereix, necessàriament, creixement.
4. L'economia és un subsistema d'un sistema més gran i físic: la biosfera. Per tant, el creixement permanent és un impossible.
5. Cap interès econòmic, sota cap circumstància, pot estar per damunt de la reverència de la vida.

Es vulgui o no es vulgui, el creixement continu en un món finit no és possible. De la mateixa manera que les idees són infinites. Per tant, podem posar les idees, que són infinites, al servei de la vida sense destrossar el medi del qual formem part?

Aquí em trobes, en el que t'he explicat. I no busco, ja ho saps, un reconeixement personal, un copet a l'esquena. En aquest sentit, em sento afalagat perquè molta gent ha trobat mecanismes que li serveixen en *S'ha acabat el bròquil*. No pas fórmules, sinó plantejaments, actituds.

Amb tot, no estic totalment d'acord amb el que penso, dic i faig, ja que, si ho estigués, seria com negar l'argument de l'altre. Així és que, benvingudes les crítiques constructives perquè del que es tracta és d'acumular, de generar sinergies, de provocar el desvetllament d'una consciència, en la mesura que em sigui possible.

F.: *En un altre ordre de coses, suposo que deus tenir una certa satisfacció per haver desenterrat expressions que ja no s'utilitzaven i que ara cada vegada es veuen i se senten més, com «oligarquia», «casta», «casta xucladora», «capitalisme financer i de casino». Es pot dir que han ben quallat.*

J.B.: Sí, no t'ho negaré, però seria massa pretensiós pensar que he estat jo l'artífex d'aquest canvi. El que passa és que qualsevol persona que vulgui fer una anàlisi seriosa del que passa es trobarà amb la necessitat d'utilitzar les paraules que has anomenat, perquè són les que millor descriuen el que vols analitzar i/o denunciar.

N'hi ha que s'ofenen quan senten «casta xucladora» i et diuen que és una opinió ofensiva sense fonaments. I a mi em sap greu, perquè no s'adonen que no és una opinió, sinó una simple descripció del que fan les elits espanyoles amb les corresponents franquícies i delegacions territorials: xuclar.

Mira, et citaré ara un personatge que no m'agrada gens, però que ha conegut la casta i s'hi ha relacionat: Mario Conde. Fixa't què diu:

«Todas las élites se degradan. Pero en Estados Unidos se renuevan. En España, no. Una de las características de España es la ausencia de renovación en las élites. Desde el siglo XVIII siguen mandando los mismos. Allá donde no existe renovación de sangre, en biología, se produce una degradación.»

És ben trist que el partidisme i el seguidisme et torni cec i t'impossibiliti analitzar amb llibertat el que tens al davant.

Ja saps que ara estan molt de moda les sèries i les pel·lícules de vampirs. Doncs mira, aquestes «elits extractives», per manllevar l'expressió de César Molinas, que a la vegada la va obtenir del llibre *Why Nations Fail*, dels professors d'Economia del Massachusetts Institute of Technology (MIT), Daron Acemoglu, i de Ciències Polítiques de la Universitat de Harvard, James Robinson, també podríem anomenar-les «elits vampiritzadores» o «casta de vampirs». Però a l'hora de buscar-ne una traducció genuïnament catalana, vaig pensar que el que fan els vampirs no és realment el que fan les «elits extractives», ja que se suposa que els vampirs, quan et xuclen la sang, et transformen en un d'ells, cosa que no és exactament el que passa aquí.

La casta xucladora extreu els recursos de la població per al seu benefici, és a dir, no et transforma en vampir, sinó que et condemna a la pobresa i a l'endarreriment. Et sotmet.

I què vols que et digui sobre «el casino»? Qualsevol persona que vulgui saber o que sàpiga una mica, només una mica, com funciona el sistema financer, et defensarà que són un casino, sobretot quan fan servir els seus productes de destrucció massiva, com els va anomenar Warren Buffett, o s'entretenen en la «banca a l'ombra».

És evident que s'ofenen quan senten aquestes expressions. És lògic. Fins fa molt poc es creien intocables, una «intocabilitat» que els ve donada, evidentment, pel seu poder de compra, un poder que transforma la paraula lliure en paraula llogada.

Fixa't, el Bundesbank, és a dir, els que manen a Europa, va criticar els bancs espanyols a finals de l'any passat per l'excessiu deute públic que tenen en els seus balanços. Segons el «Buba», els bancs espanyols haurien augmentat en un 81% en dos anys la seva possessió de deute públic, que arribaria als 300.000 milions d'euros, el 9,1% dels seus balanços.

Per al Buba, i ja se sap que, segons l'expresident de la Comissió Europea, Jacques Delors, «no tots els alemanys creuen en Déu, però tots creuen en el Bundesbank», la compra de deute públic s'ha fet en detriment de la concessió de crèdits a l'economia real. És a dir, que els bancs espanyols escanyen la demanda interna, forcen el tancament d'empreses i fan augmentar l'atur perquè utilitzen el crèdit del Banc Central Europeu a gairebé el 0% per comprar deute públic al 4 o 5%. Vaja, que fan *carry trade* amb deute sobirà. I aquí no passa res.

Com vols qualificar el que t'he descrit? De col·laboració al benestar general, al bé comú?

Qui mana aquí? Tu i els teus vots? Els que s'agenollen davant d'aquest casino?

Qui mana aquí?

Són o no són casta xucladora?

Però més enllà d'aquestes dades del Bundesbank i de perdre el temps en si són o no són allò altre o el de més enllà, hi ha un fet molt preocupant. I és que el conjunt d'entitats financeres d'Espanya tenen el 45% del saldo viu de deute públic espanyol, que arribava, a novembre del 2013, a més de 660.000 milions d'euros. I això és així perquè no vénen els de fora a comprar-ne.

Els bancs centrals creen directament menys del 10% del diner circulant, la resta és creat, sobretot, pels bancs. Acabo amb aquesta pregunta: qui depèn de qui, els bancs de l'Estat o l'Estat dels bancs?

En vols una altra?: qui és més sobirà aquí, el rei o Botín?

Més. Des del 2007, segons el Diario.es, s'han volatilitzat 250.000 milions d'euros entre pèrdues i actius tòxics en l'economia, una quarta part del PIB d'Espanya. S'ha destruït un 14% de l'ocupació al sector financer, s'ha passat de 50 a 14 entitats i l'Estat dóna per perduts 36.000 milions d'euros.

El 2013, només tres bancs controlen el 70% dels actius bancaris a Espanya (Caixabank, Santander i BBVA). T'agrada ser sistèmic o *To Big to Fail*? I, si ets sistèmic; ets tan gran que no pots fer fallida, no creus que els seus gestors haurien de tenir els sous regulats com els tenen regulats els que treballen en el sector públic?

Parlant de sous dels banquers, saps que, segons l'Autoritat Bancària Europea (EBA), a Espanya hi ha cent directius d'entitats financeres que el 2012 van guanyar més d'un milió d'euros anuals?

Saps que, segons la mateixa EBA, Espanya és el segon país europeu on els banquers cobren més de mitjana (2,16 milions)? Saps quin és el primer país on més cobren? És fàcil, a la *primera potència* europea: Xipre.

Vols que parlem ara de la desaparició de les caixes, la columna vertebral de finançament d'autònoms, petites i mitjanes empreses, o això seria massa depriment?

Vols que parlem de com la classe política, en connivència amb els tafurs que les dirigien, va assaltar les caixes fins a forçar-ne la desaparició? Vols que parlem de la «festa»? Aquí ho tens, segons la pàgina de www.gurusblog.com

Injeccions de capital a caixes i bancs	59.130 milions
Esquema de Protecció d'Actius (EPA)	28.267 milions
SAREB (deute garantit + capital públic)	48.546 milions
Adquisició d'Actius Financers (FAAF)	19.342 milions
Emissions de Deute de Bancs (aval de l'Estat)	64.112 milions
TOTAL	**219.397 milions**

I ja que parlem de festa, apunta, apunta't aquesta dada: Espanya haurà de demanar 243.888 milions d'euros als mercats durant aquest any 2014. És a dir, Espanya ha de demanar més de 668 milions d'euros cada dia.

Qui mana, el deutor o el creditor?

El guru dels neoliberals, Friedrich von Hayek, va dir que el desenvolupament de l'estat del benestar després de la Segona Guerra Mundial soscavaria la llibertat i conduiria les democràcies occidentals cap a alguna forma de servitud envers l'Estat. Però, ves per on, aquí, l'únic que s'ha afeblit és la solidaritat. I per què? Doncs a causa del capitalisme financer i de casino, de la desregularització de les finances, de la ideologia dels mercats sense cap límit i de la captura de l'Estat pels interessos empresarials i de casta.

Em faig creus de veure com els petits i mitjans empresaris, els que no viuen del BOE i no pertanyen a cap «golferia», els que de veritat creen riquesa, els que arrisquen tot el que tenen, els autèntics emprenedors, no fan costat a la majoria del país que pateix el poder omnipresent de la banca. A aquests empresaris, herois en alguns casos, la banca no els deixa diners i, quan ho fa, els cobra interessos de jutjat de guàrdia. En canvi, els Botín de torn poden fer i desfer i reben el suport de l'Estat. De fet, ara saben, més que mai, que facin el que facin, no faran fallida. És a dir, poden fer el que vulguin que, si la festa va malament, pagarem nosaltres. I els empresaris, els petits i mitjans, callen, com les seves associacions. Per què? Doncs haurien de saber que la banca és més lesiva als seus interessos que els sindicats, com també ho són les empreses que més defensen el mercat lliure. Aquest és un link que haurien de mirar els petits i mitjans empresaris i preguntar-se per què ells no han rebut subvenció: *http://www.axesor.es/BLOG/post/2013/07/30/Las-empresas-mas-subvencionadas-de-Espana.aspx*

I el vídeo, que es troba a YouTube, titulat *Cut Benefits to Bankers, Not Public Services (One Good Cut)* també convé mirar-lo si volem saber què fan els bancs.

Per cert, hi ha algun partit polític dels grans que sigui capaç de fer un vídeo com el mencionat anteriorment?

F.: *Quan parles d'aquestes coses penso en els sous desorbitats que has acabat d'explicar mentre la major part de la població, de les classes mitjanes i treballadores, ha vist retallar els seus ingressos o s'ha vist abocada a un acomiadament que, en alguns casos, com ara el teu, pel que sé, depèn de l'edat.*

Si no faig res, el 2016 seré acomiadat. I si faig alguna cosa, és a dir, demano quedar-me, dependré d'algun voluntari que vulgui marxar per mi. Serà un acomiadament biològic. Però no faig aquest llibre per parlar de coses personals.

En el seu moment ja vaig dir que la reforma laboral posava la diana en totes les persones amb cabells blancs: totes, i que això era repugnant.

Segons l'Associació d'Empreses de Treball Temporal, Asempleo, els aturats de més de quaranta-cinc anys s'han més que quadruplicat des del tercer trimestre del 2007. De 413.100 a 1.824.500.

Quina societat estem construint? Com és possible que acceptem i, a vegades, aprovem que les persones puguin ser acomiadades per fets biològics? Com que no vull ser sagnant, no vull comparar-ho amb fets històrics, entre altres coses, perquè els que som acomiadats a seixanta-un anys podem anar cap a la jubilació sempre que hagis cotitzats els anys necessaris, però no deixa de ser execrable que, en cas d'haver-hi acomiadaments, no s'opti per fer fora els que, com alguns empresaris, volen maximitzar els beneficis amb poca inversió.

Fixa't, jo, avui, que tinc cinquanta-vuit anys, ja porto un cartellet al pit que diu: caduca el 2016.

F.: *Això és el que deies quan afirmaves que la relació que mantenies amb el teu auditori estava per damunt de l'anàlisi freda, que hi havia una intensitat emocional, justament perquè també eres víctima directa del sistema. I, en aquest sentit, Jaume, potser el que reclames o d'allò que et dols és que la corrupció, a Espanya i a Catalunya, té a veure amb la qualitat del periodisme que es fa. T'ho preguntaves tu mateix. Hi té a veure? El fet que a Espanya i a Catalunya hi hagi una democràcia de poca qualitat té alguna cosa a veure amb la classe de periodisme que tenim, amb allò que qualificaves de «palmeria» o «claca mediàtica i/o acadèmica»?*

J.B.: Sí, sovint em faig aquestes preguntes. I, si vols, n'hi afegeixo una altra: en la creació de bombolles, hi tenim alguna cosa a veure els periodistes, en general, i els que fan informació econòmica, en particular?

Com se sap, Jeffrey P. Bezos, el fundador d'Amazon, va comprar l'històric *The Washington Post*, el del Watergate, el de Carl Bernstein i Bob Woodward, per uns 190 milions d'euros el 4 d'agost de 2013. Dos dies després, Gene Weingarten, columnista del diari, li va escriure una carta oberta on li recordava que el 1982, quan era editor de *Tropic*, el magazine dominical del *Miami Herald*, es va negar a cobrir un acte on Bezos havia de rebre un premi. I ho va fer perquè la gala l'organitzava la mateixa companyia propietària del diari, cosa que impedia que els articles sobre la notícia dels premis fossin objectius.

Finalment, els propietaris del diari van publicar-la, però en un lloc més discret. I Weingarten i el seu equip no van ser represaliats.

Weingarten, en l'article, el felicita i li dóna la benvinguda al diari, però li recorda que la seva màxima continua sent la mateixa: «*kick up, kiss down*», és a dir, emprenya els de dalt i abraça els de baix.

I potser no ho fem prou. No es fa prou. No hi ha una voluntat decidida de combatre les inèrcies. Quan un president compareix a través d'una pantalla de plasma davant un munt de periodistes i els periodistes no ens aixequem i ens n'anem, què passa, s'enforteix la democràcia?

Quan la majoria de les portades dels diaris o els sumaris dels informatius de ràdio i de televisió diuen, en una mena d'èxtasi, que l'Ibex-35, un dels índexs més manipulats del món, ha arribat als 10.000 punts sense parlar de la seva composició, s'enforteix la democràcia i la transparència?

Per què no perdem una mica de temps i mirem quines empreses formen l'Ibex-35? Per què la presència d'empreses de sectors regulats en l'índex és molt, però molt superior a les que hi ha en altres països?

T'ho dic de memòria, però no crec que hi hagi més de 4/6 empreses del selectiu espanyol que no provinguin d'antics monopolis, ni de contractistes, ni d'empreses públiques, ni d'operadors, vaja que no depenguin del BOE, d'aquest capitalisme ranci i castís espanyol.

Mira, en concret, només sis empreses de l'Ibex-35 suposen gairebé el 70% del total de l'índex. Això és una borsa o un sopar entre amics d'exmonopolis? Més aviat això últim, evidentment!

Són tots tan patriotes que 30 dels 35 de l'Ibex tenen presència en paradisos fiscals.

Segons TaxJustice Network, l'evasió fiscal a Espanya seria d'uns 81.000 milions d'euros anuals, un 71% dels quals correspondria a grans companyies i a persones molt adinerades.

L'enigmàtic Roger Vinton en fa, en el seu blog, la radiografia d'unes quantes:

«Sovint sentim economistes liberals cantant els innombrables avantatges del mercat lliure, de la imprescindible i inajornable desregulació i de la necessària desaparició del sector públic del món dels negocis. També sovint els seus executius o gestors model lideren companyies transnacionals que tenen un passat com a empreses estatals on han abocat carretades de diner públic per fer-les competitives. Individus etiquetats d'empresaris, de grans empresaris, millor dit, però que mai no han arriscat ni un euro del seu patrimoni. En el cas d'Espanya això és molt evident. Donar un cop d'ull acurat a les principals empreses espanyoles cotitzades a borsa no tan sols ens confirma aquesta tesi, sinó que, a més, ens dóna una idea de les correlacions de forces que dominen el país. Espanya ha estat tradicionalment dominada per la banca i les elèctriques, situació que es manté en l'actualitat amb petites modificacions: d'estar en mans de simples companyies subministradores d'electricitat hem passat a un concepte més ampli que es resumeix en l'anglicisme *utilities* (serveis públics), on podem incloure, a banda de les elèctriques, les companyies de gas, telefonia o autopistes. L'altra modificació en aquest mapa és l'aparició dels contractistes d'obra pública, que han aixecat veritables imperis en els darrers anys.

»Tot plegat es veu de manera cristal·lina si fem una anàlisi del principal índex borsari espanyol, el cèlebre Ibex-35. El primer que sobta en mirar de prop aquest índex és que, per bé que el formen trenta-cinc empreses, el pes de la majoria és irrellevant, ja que les sis més importants suposen prop del 70% del total de l'índex, o també les setze més grans representen gairebé el 90% del total. Com dèiem, de l'anàlisi d'aquestes empreses gegantines de les quals tots som clients es desprèn quina és l'estructura de poder a Espanya:

»De les setze, set són companyies d'*utilities* hereves d'empreses públiques, monopolis o operadores en mercats regulats (Telefónica, Iberdrola, Repsol, Gas Natural, Abertis, Red Eléctrica Española, IAG), quatre són bancs (Santander, BBVA, Caixabank, Popular) i dues són constructores (ACS i Ferrovial). Només dues de les setze són empreses «amb empresari»: Inditex, d'Amancio Ortega, i la multinacional catalana Grifols. També n'hi ha una difícil de classificar, Amadeus, la central de reserves de vols que treballa gairebé en exclusiva en aquest sector gràcies al fet que els seus accionistes són precisament línies aèries. El primer grup, el de les empreses regulades, era encara més gran fins a l'any 2009, quan Endesa no havia estat comprada per l'italiana Enel i Unión Fenosa no pertanyia a Gas Natural.

»Però qui mana en aquestes grans empreses? D'on provenen els seus màxims executius? Qui són els seus principals accionistes? En un mercat on la lliure competència arribés a tot arreu, segurament els millors professionals de cada sector liderarien aquests *national champions*, però en això Espanya també és diferent. Convé mirar de ben a prop cadascuna d'aquestes empreses per sortir de dubtes. Recordin que, segons ens diuen sempre, l'òrgan suprem d'una societat és la junta general d'accionistes, que delega les seves funcions en el consell d'administració, representants, per tant, dels propietaris. Al final d'aquest seguit d'escrits traurem conclusions.»

Per no cansar-te, parlem només de Telefónica, segons Roger Vinton:

Telefónica

«Beneficiària durant dècades del monopoli de la telefonia a Espanya i empresa pública al llarg de bona part de la seva història. El president de la companyia és César Alierta, nomenat l'any 2000 per substituir Juan Villalonga, que havia estat col·locat per Aznar quatre anys abans. No hi ha proves que Villalonga fos el millor executiu que hi havia disponible, però venia avalat per ser company de classe del mateix Aznar al Colegio del Pilar i també perquè el seu besoncle era Ignacio Villalonga, president del

Banco Central durant tres dècades i estretament vinculant al règim franquista. Els excessos de Juan Villalonga a la presidència, just quan s'atansaven unes eleccions generals, van acabar amb la paciència de José María Aznar, que va decidir treure'l d'escena amb el beneplàcit dels accionistes majoritaris, el BBVA i "la Caixa". El substitut, com dèiem, va ser César Alierta, qui tampoc no es quedava curt a l'hora de mostrar llinatge: era fill de Cesáreo Alierta Perela, antic alcalde de Saragossa (avui dia té un carrer en aquella capital) i president del Real Zaragoza durant el franquisme. Pel que fa als seus mèrits professionals, Alierta fill procedia de la presidència de Tabacalera, una altra empresa originalment pública, on havia estat designat a dit també per Aznar. Allà fumava havans mentre gaudia de la fortuna que havia aconseguit en vendre la seva societat de valors, Beta Capital, als holandesos de MeesPierson. Precisament la seva afició als mercats de valors va estar a punt de provocar-li un disgust, quan l'any 1997 va fer servir informació privilegiada per guanyar uns 300 milions de pessetes en una operació borsària amb accions de la mateixa Tabacalera. Va ser jutjat i considerat culpable, però el delicte havia prescrit.

»Els màxims accionistes de Telefónica són BBVA i "la Caixa" amb un 5,5% de capital cadascun. Formen l'anomenat nucli dur des de fa molt anys. Per sota hi ha el fons d'inversió americà BlackRock, amb prop d'un 4%. En el consell d'administració trobem dos representants de "la Caixa" (Isidre Fainé i Antoni Massanell), dos del BBVA, tres consellers executius (directius de l'empresa, entre ells el president César Alierta) i un munt de consellers "independents", que ho són per designació de la mateixa empresa i no pas com a representants dels accionistes. Entre aquests darrers trobem personatges com Pablo Isla Álvarez de Tejera (president d'Inditex i expresident de Tabacalera, després anomenada Altadis, en substitució precisament d'Alierta), Gonzalo Hinojosa Fernández de Angulo (antic propietari de Cortefiel), Alfonso Ferrari Herrero (soci d'Alierta a Beta Capital), el català Carlos Colomer Casellas (fins fa poc propietari de Revlon), José Fernando de Almansa Moreno-Barreda, vescomte del Castillo de Almansa (cap de la Casa Reial durant deu anys) o Sir David Arculus (directiu d'O2 quan va ser comprada per Telefónica). Els consellers han anat acumulant accions de la companyia, de manera que Alierta, aprofitant els plans d'opcions per a directius que ell mateix dissenya, ja té una participació de més de 50 milions d'euros; Isidro Fainé totalitza més de 6 milions, que no està malament per ser un empleat de "la Caixa". A més, Alierta, com a màxim executiu de l'empresa, té assignat un sou al voltant dels 9 milions d'euros anuals. Els catorze consellers no executius, entre els quals es troben tots els esmentats excepte Alierta, es van repartir l'any 2012 gairebé 3,6 milions d'euros pel sol fet de pertànyer al consell d'administració. El més beneficiat va resultar Julio Linares López, que com a compensació per la pèrdua de les seves funcions executives va rebre uns 33 milions d'euros. Molta generositat per a una empresa immersa en un ERO de prop de 7.000 persones i que l'any 2012 va deixar sense dividends els seus accionistes.»

Alguna conclusió?

Per què en la majoria de la informació econòmica els anunciants són algunes de les empreses que depenen del BOE? Qui paga mana?

Et sorprendries si et dic que els bancs són els que controlen l'Ibex?

Ja saps que sóc analista tècnic de borsa, és a dir, que no tinc els coneixements necessaris i seriosos per analitzar els fonamentals d'una empresa i així poder oferir un consell d'inversió. Amb tot, a diferència d'algun entabanador que es passeja per platós i estudis de ràdio, et dic que és molt més segur fer-ho al Dow-Jones, per exemple, que a l'Ibex-35.

Ja que t'he parlat del Dow-Jones, fem un exercici. Mirem qui hi ha al davant dels organismes encarregats de la supervisió i inspecció dels mercats de valors a Espanya i als Estats Units. Qui hi ha a Espanya? Una militant del Partit Popular, concretament, Elvira Rodríguez. Quin és el seu currículum?

Aquí el tenim:

Lugar y fecha de nacimiento
Madrid, 15 de mayo de 1949

Estudios y títulos
- *Licenciada en Ciencias Económicas y Comerciales por la Universidad Complutense de Madrid (1971)*
- *Interventora de Hacienda (1973)*

Actividades profesionales
06-10-2012 *Nombramiento como presidenta de la Comisión Nacional del Mercado de Valores.*
2011-2012 *Diputada nacional del Congreso de los Diputados y presidenta de la Comisión de Economía y Competitividad.*
2011 *Diputada de la Asamblea de Madrid y senadora en representación de la Comunidad de Madrid.*
2007-2011 *Presidenta de la Asamblea de Madrid.*

2006-2007 *Consejera de Transportes de la Comunidad de Madrid.*
2003-2004 *Ministra de Medio Ambiente.*
2000-2003 *Secretaria de Estado de Presupuestos y Gastos del Ministerio de Hacienda.*
1996-2000 *Directora general de Presupuestos del Ministerio de Economía y Hacienda.*
1984-1996 *Subdirectora técnica del Tribunal de Cuentas.*
1978- 1984 *Subdirectora de la Intervención General de la Seguridad Social.*
1975-1978 *Jefe de Contabilidad de la Dirección General del Tesoro y Presupuestos.*
1974-1975 *Jefe de la sección fiscal de la Delegación de Hacienda de Sevilla.*
1971-1974 *Colaboradora de la Cátedra de Derecho Administrativo del profesor Garrido Falla en la Universidad Complutense de Madrid y profesora ayudante en las cátedras de Derecho Fiscal Español y Organización, Contabilidad y Procedimiento de la Hacienda Pública.*

Publicaciones y conferencias

A lo largo de su carrera profesional, y como representante de los diversos destinos, ha participado en numerosos foros nacionales e internacionales.

F.: *És un bon expedient, certament. Potser una mica massa «estatal» o «funcionarial», si m'ho permets.*

J.B.: No em facis riure. Però és que calia que fos aquí, justament per contraposició al que ara et diré. La diferència és abismal. Abismal. Si m'ho permets, comparem el currículum d'Elvira Rodríguez amb el de la presidenta de l'organisme homòleg dels Estat Units, la Securities and Exchange Comission (SEC):

Mary Jo White va ser nomenada presidenta de la SEC pel president Barack Obama el 7 de febrer de 2013 i confirmada pel Senat dels EUA el 8 d'abril de 2013.

Va arribar a la presidència després de dècades d'experiència com a fiscal federal i advocada d'assumptes d'inversió.

Quan era fiscal dels EUA pel Districte Sud de Nova York des del 1993 fins al 2002, es va especialitzar en la persecució dels fraus d'institucions financeres i dels casos de terrorisme internacional. Sota el seu lideratge, l'oficina va obtenir condemnes en contra dels terroristes responsables de l'atemptat del 1993 contra el World Trade Center i els atemptats contra les ambaixades nord-americanes a l'Àfrica. És l'única dona que ha ocupat la posició més alta en la història de més de 200 anys d'aquesta oficina.

Abans d'esdevenir la fiscal dels EUA pel Districte Sud de Nova York, va servir com a primera fiscal assistent dels EUA i més tard com a fiscal federal interina dels EUA pel Districte Est de Nova York des del 1990 fins al 1993. Anteriorment va exercir com assistent del fiscal dels EUA per al Districte Sud de Nova York des del 1978 fins al 1981 i es va convertir en cap fiscal d'apellacions de la Sala penal.

Després de deixar el seu lloc de procurador als EUA, va ser la presidenta del departament de litigis a Debevoise & Plimpton a Nova York, on va dirigir un equip de més de 200 advocats.

Mary Jo White va obtenir el seu títol de grau, Phi Beta Kappa, de William & Mary el 1970, i el seu mestratge en psicologia de la Nova Escola d'Investigació Social el 1971.

Va aconseguir el seu títol d'advocada el 1974 a la Columbia Law School, on va ser una oficial de la *Revista de Dret*.

Mary Jo White ha guanyat nombrosos premis en reconeixement a la seva destacada tasca, tant com a fiscal com a advocada de valors borsaris. Entre els premis que ha rebut, destaquen el Margaret Brent Women Lawyess of Achievement Award, el premi de George W. Bush a l'Excel·lència.

Mary Jo White és membre del Col·legi Americà d'Advocats i del Col·legi Internacional d'Advocats. També ha estat directora del NASDAQ.

Hi veiem alguna diferència? N'hi ha alguna? Doncs això és el que et volia dir.

I encara hi podríem afegir més coses. La predecessora de la presidenta actual de la SEC, per exemple, va ser Mary L. Schapiro, llicenciada en Dret per Georgetown, advocada en temes de mercats de valors, nomenada per Ronald Reagan comissària de la SEC, confirmada per George Bush pare, presidenta de la Comissió del Mercat de Futurs i, finalment, nomenada presidenta de la Securities and Exchange Comission (SEC). És a dir, que la senyora Mary L. Schapiro, abans d'arribar-hi, s'havia passat més de vint-i-cinc anys en el sector.

Amb quin currículum et quedes tu, amb quina manera de fer et quedes, amb l'espanyola o amb l'americana?

No seria millor que al capdavant d'organismes públics, que han de vetllar per la transparència i la seguretat, hi arribessin els més qualificats, i no membres de partits, siguin del color que siguin?

Per exemple, en el cas de la Comissió Nacional del Mercat de Valors (CNMV), no creus que ningú no n'hauria de ser president si no reunís una d'aquestes tres característiques?

F.: *Quines?*

J.B.: Aquestes:

a) Un economista que entengui els mercats financers i en tingui experiència.
b) Un jurista amb experiència en els mercats financers.
c) Una persona que faci anys que treballa en els mercats.

Espanya i Catalunya no funcionen així. La militància és, a vegades, l'únic criteri. I així anem. I callem. I compte, de veritat, compte, perquè aquests temes són molt importants. Quan una persona arriba a un càrrec per la seva militància política i no per la seva experiència, pels seus coneixements i per meritocràcia, quins interessos defensa, els del partit que li garanteix el sou o els de la ciutadania?

Vols que parlem, per exemple de la composició del Consell General del Poder Judicial, del Tribunal Constitucional, etc.?

Vols que parlem de quina era la composició dels consells d'administració de les caixes d'estalvi? Per què vam callar els periodistes, en general, davant d'aquesta «ocupació» —no ho escric amb *k* per respecte als okupes— de tot allò públic per militans de partits, amics, assimilats i familiars de càrrecs públics?

I del Banc d'Espanya, què en podem dir i què en diem? Ho faré així, el que ha passat amb Bankia i les altres caixes ha estat un accident? No, no ha estat un accident. El Banc d'Espanya n'ha estat còmplice, ell n'era el regulador i el que havia de fer les inspeccions. És el Banc d'Espanya independent? Rotundament, no, per molt que ho diguin i ho jurin davant l'Almudena o de qui vulguis.

La Unió Europea ha demanat manta vegades a Espanya que formi un Consell de Política Econòmica i Fiscal independent, un consell com el que tenen altres països i que és el que examina la situació fiscal des del rigor i la independència. I res de res.

L'any passat el Parlament va organitzar una «Comissió d'Investigació sobre les Possibles Responsabilitats Derivades de l'Actuació i la Gestió de les Entitats Financeres i la Possible Vulneració dels Drets dels Consumidors». Aquesta comissió era necessària, però no és suficient i, a més, no servirà per a res per molta sabatilla que hi hagi hagut. I amb això no vull criticar què va fer David Fernández. Dic que no servirà per a res perquè, si es vol saber què va passar a les caixes, s'ha de repassar crèdit per crèdit, operació per operació. Aquí és on hi ha la prova del nou de les suposades irregularitats que es van cometre. Es farà això que et dic? No.

Quan la majoria de les portades dels diaris o dels sumaris d'entrada dels informatius de ràdio i de televisió parlen impúdicament de l'anomenada recuperació a partir d'una dada del PIB sense explicar res més, què s'està fent, periodisme o *agitprop* governamental?

Quan es tornen a publicar els beneficis bancaris sense explicar exactament d'on surten i per què, què s'està fent? A veure si ens entenem, els beneficis bancaris són legalment falsos, però continuem fent de lloros.

Segur que la majoria no recorda ja quines portades de diari es feien el 2006 o el 2008. En plena bogeria consumista i immobiliària on et deien estúpid si no t'havies endeutat, on càrrecs públics t'incitaven a apalancar-te, on tertulians i acadèmics diversos et raonaven i argumentaven que amb tipus d'interès reals negatius l'única sortida era endeutar-se, el periodisme, en general, no va saber, no vam saber, fer una altra cosa que servir d'altaveu als crupiers del casino financer i als seus servidors, la classe política. El periodisme no és això, que quedi ben clar. Però molt temo que no canviarem. Te'n dono un exemple:

L'any passat, la majoria de mitjans van destacar aquestes paraules de Botín:

«Es un momento fantástico, a España le está llegando dinero para todo. [...] Existe una confianza en España como no se puede imaginar.»

Don Emilio Botín és un voltor, un voltor que si a Espanya la classe política no operés en connivència amb l'oligarquia, i la justícia fos veritablement independent, ja fa temps que no el sentiríem.

Sobre l'ínclit Emilio Botín, només vull dir o recordar això. I, per fer-ho, me'n vaig al diari *El País*.

Resulta que, segons el que va publicar aquest diari el 27 de maig de 2008, l'exministre d'Economia Rodrigo Rato va presentar, com a defensa de l'acusació de suposats favors al Banco Santander, un escrit de l'exsecretària d'Estat de Justícia i després vicepresidenta del Govern, la socialista María Teresa Fernández de la Vega.

En l'escrit, De la Vega demanava, el 25 d'abril de 1996 que s'enviessin instruccions a l'advocat de l'Estat sobre com havia de procedir en l'escàndol de les cessions de crèdit. I les instruccions eren clares: no demanar cap acció penal contra el Banco Santander i els seus representants per suposat delicte contra la Hisenda Pública.

Gràcies a l'actuació i a les ordres de la socialista De la Vega, Botín no va ser jutjat per unes actuacions que *El Confidencial* va relatar d'aquesta manera: «Durant els anys 1988-1989, el Santander va moure prop de mig bilió de pessetes de diner negre, que procedia de fons financeres més o menys inconfessables. [...] El banc va entregar a Hisenda informació falsa sobre 9.566 operacions formalitzades que representaven 145.120 milions de pessetes. [...] A tal efecte, no va dubtar a declarar com a titulars de les cessions de crèdit persones mortes, emigrants no residents a Espanya, treballadors a l'atur, avis, familiars de treballadors del banc, antics clients que ja no mantenien cap relació amb el Santander, etc.»

L'acusació va sol·licitar per a Emilio Botín un total de 170 anys de presó i una multa de més de 46 milions d'euros, a més una responsabilitat civil de 84 milions, que era el perjudici causat a tots els espanyols.

Però Botín no va ser jutjat.

I aquest és el col·lorari: De la Vega és avui membre permanent del Consell d'Estat. Res, només 76.603 euros a l'any.

F.: *Estem parlant, també, d'un dels escàndols més notoris, dels més evidents i flagrants. El de la recol·locació dels polítics, per dir-ho així, en determinades empreses, com passa també en el cas de les elèctriques.*

J.B.: Sí, és clar. O en institucions estatals. El mes de febrer del 2012, va ingressar en el mateix consell com a membre vitalici l'expresident Zapatero. De la Vega, la seva número dos, li va fer de padrina. Zapatero cobra el mateix sou que De la Vega més la seva paga anual com a ex de 78.185 euros. Un total de més de 150.000 euros a l'any.

De Rato, expresident de Bankia i unes quantes coses més, Botín va dir que havia estat el millor ministre d'Economia de la democràcia. El 16 d'octubre de l'any passat el va fitxar com a membre del consell assessor internacional del grup. Ja en va ser membre el 2008 amb un sou de 200.000 euros. Dos-cents mil euros són també els que cobra per ser assessor de Telefónica. A Bankia, el forat és de més de 22.000 milions d'euros, un forat que paguem tots els que patim aquesta casta com els danys que hauria causat l'actuació d'aquest patrici espanyol anomenat Emilio Botín-Sanz de Sautuola y García de los Ríos.

I personatges com aquests són els que encara reproduïm sense afegir-hi què són i què han fet. Uns personatges que, com Botín, governen contra Espanya. He dit «governen», sí; i no m'he equivocat.

F.: *Es tracta d'analitzar, segons tu, de no deixar-se entabanar, de saber què vol dir cada cosa.*

J.B.: L'octubre de l'any passat, el príncep Felip va parlar «d'un futur solidari i amb principis ètics ferms». Frase que va ser destacada en algunes portades. I jo em pregunto: com pot un príncep parlar de solidaritat i ètica si són conceptes antitètics amb monarquia?

Es parla molt de si desapareixerà el paper, de la crisi de la premsa, etc. Sincerament, no crec que la premsa estigui fent ni hagi fet, amb la contundència que exigeix la democràcia, el paper que li correspon. I sense una fiscalització de la premsa als grups dels poderosos i poders fàctics, Espanya i Catalunya tindran una democràcia de poca qualitat on la «golferia» tindrà premi. I el sacrifici, ignorància i/o menyspreu.

Cal que et recordi ara quina mena de cobertura es fa cada any del «festival» de Davos?

Dit això, hi ha periodistes que han perdut els seus llocs de treball o han estat arraconats pel fet de voler fer bé la seva feina. Periodistes a qui no se'ls dóna cap premi.

El món que hem conegut ja no tornarà

Ens hem despertat del somni daurat, del somni europeu, i hem descobert que som vulnerables. Hem descobert que hi ha noves classes socials la vulnerabilitat de les quals ens angoixa.

F.: *En les xerrades que fas i en algunes tertúlies i entrevistes has posat molt èmfasi en la necessitat de saber, d'adonar-nos que el món que hem conegut ja no tornarà. Per què? Per què ets tan contundent? Alguns t'han acusat d'apocalíptic, demagog, populista... Podem parlar del futur?*

J.B.: Buf! Això és un problema. I és un problema perquè no hi ha ningú que et pugui assegurar què passarà demà. Però nosaltres ho necessitem, som humans, necessitem saber què passarà; no ens agraden les incerteses, sobretot les que afecten el nostre benestar i el benestar de les nostres famílies. I quan algú ens en parla, ens parla del futur, i no ens agrada el que ens diu, ens enfadem o li diem pessimista, apocalíptic, depressiu o el que et vulguis imaginar.

Quan el meu fill gran estudiava en una universitat privada no m'hauria pogut imaginar mai que avui no viuria amb nosaltres perquè el seu país no li ha pogut donar feina, i si algú m'ho hagués dit, l'hauria engegat a dida.

Quan feia el programa *Singulars*, programa d'èxit i amb desenes de milers de seguidors, si algú m'hagués dit que avui ja no es faria, li hauria respost quasi amb menyspreu.

Quan fa onze anys presentava *Bon dia, Catalunya*, si algú m'hagués dit que seria víctima de l'acomiadament biològic el 2016, li hauria dit que s'havia equivocat de medicació.

És a dir, volem saber, però si el que ens diuen no ens agrada, malament. I resulta que la realitat ha superat les expectatives més negatives, les prediccions que aleshores ens podien semblar més estrafolàries.

En el meu cas, jo no tinc cap interès ni personal ni econòmic a dir què opino a partir d'un munt de lectures, recursos diversos i entrevistes. I creu-me, m'agradaria dir coses molt diferents de les que dic després de moltes hores de lectura i d'anàlisi.

Però s'ha de ser honest. Sobretot honest. Ho deia Aristòtil: «Sóc amic de Plató, però sóc més amic de la veritat.»

I ara, abans de continuar, una advertència: el més important és la tendència, com en borsa. Els detalls concrets, les oscil·lacions diàries en les accions, no són rellevants. En canvi, la tendència, sí. I no oblidem que la incertesa condiciona en negatiu el comportament econòmic.

F.: *En certa manera, i ara que els has citat, és el mateix que unia dos personatges d'altra banda distants, com Pla-*

tó i Aristòtil. Les coses concretes són múltiples i canviants. Sobre elles no es pot establir un saber definitiu, universal.

J.B.: Sí, mirat així, sí. La vida, com sabem tots, va molt de pressa. De tant en tant, convé parar, és a dir, reflexionar i preguntar-nos com és el món on vivim, qui som, què fem aquí, cap on anem... I no sé si això ho fem les vegades que caldria, perquè, com deia Einstein:

«Dues coses són infinites: l'univers i l'estupidesa humana. Amb tot, no ho tinc clar pel que fa a l'univers.»

El mes de setembre de l'any passat, Slim Ismail, director i fundador de la Singularity University, a Sillicon Valley, Califòrnia, un centre finançat per la NASA i Google, entre altres, va parlar-nos de futur a Barcelona. Va ser brutal!

Slim Ismail va dir que el nostre món no és previsible, que tots els nostres mecanismes es basen en la predictibilitat, quan el nostre món és imprevisible. Així mateix, va explicar que els avenços en robòtica faran que en deu anys hi hagi moltes fàbriques que puguin prescindir dels treballadors. «El món canviarà. No trigarà gaire. I ja mai més no tornarà a ser igual», va dir. «Tota l'educació és lineal. I vivim en un món que es mou en una corba, que no és lineal.»

L'afirmació del fundador de la Singularity University «El món canviarà. No trigarà gaire. I ja mai més no tornarà a ser igual» és el que convé, penso, que entenguem i interioritzem o, si més no, discutim i analitzem. Slim Ismail ho va dir en el sentit d'avenços tecnològics que acabaran conformant noves societats, noves maneres de fer, de veure, de pensar, d'interrelacionar-nos...

La Singularity University es pregunta com es poden solucionar els grans problemes del món amb tecnologia. I es focalitzen en tots els camps tecnològics canviants i en acceleració: robòtica, nanotecnologia, intel·ligència artificial, neurociència, medicina.. tots conduïts per la informàtica.

Per què et dic tot això de la Singularity University i de Slim Ismail quan el que m'has preguntat és per què dic que el món que hem conegut ja no tornarà?

Perquè hi ha una revolució en marxa i a nosaltres ens ha agafat en el pitjor moment o potser no, ja ho veurem.

El 2007 ens vam començar a despertar d'un somni «feliç» de més de seixanta anys. Dormíem pensant que cada generació continuaria superant l'anterior: en drets, en esperança, en educació, en possessions, en benestar, en consum, en futur, en hedonisme i, de cop, ens hem anat desvetllant veient-nos com el nou proletariat de la globalització, com a treballadors que podríem ser pobres i uns altres que ja en són: els *working poors*.

Segons un informe de la Creu Roja, el 8,9% dels europeus amb feina ja viuen per sota del llindar de la pobresa. I això era el 2011! Imagina't.

A Espanya, més de dos milions de persones serien incapaces de poder atendre un pagament, una despesa imprevista de més de 600 euros. I avui, segons Càritas, hi ha tres milions de persones que han de viure amb menys de 307 euros mensuals. I una altra dada: el nombre de pobres a Espanya s'ha doblat amb relació al 2007.

A Espanya, també, el sou mensual mitjà va ser, el 2012, de 1.639 €, un 15,34% inferior a la mitjana de la Unió Europea, que és de 1.936 €.

A Alemanya, la classe mitjana ha passat de ser el 65% de la població l'any 1997 al 58% el 2012. És a dir, que més de cinc milions de persones van deixar de ser classe mitjana.

A França, una quarta part dels beneficiaris d'assistència social són pensionistes.

A Grècia, més de la meitat dels aturats ja no tenen assegurança mèdica i han de ser atesos per fundacions sense ànim de lucre. El nombre de suïcidis ha crescut un 40% el 2011, i ha augmentat més del doble en les dones.

L'Institut Nacional per a la Salut i el Benestar de Finlàndia ha fet un seguiment sistemàtic dels nens nascuts el 1987 fins que han fet vint-i-un anys, el 2008. Se'ls coneix com els fills de la recessió, perquè van viure la crisi que Finlàndia va passar en la dècada dels noranta. Doncs bé, alguns d'aquests joves, no sé ara la proporció exacta, però és significativa, han necessitat tractament psiquiàtric o han hagut de consumir fàrmacs per a algun trastorn. També han presentat símptomes tardans d'angoixa, l'angoixa que van haver de patir els seus pares quan havien de lluitar contra la crisi.

F.: *Ens hem llevat en la misèria?*

J.B.: Ens hem despertat del somni daurat, del somni europeu, i hem descobert que som vulnerables. Hem descobert que hi ha noves classes socials la vulnerabilitat de les quals ens angoixa, com els nens finlandesos. La vulnerabilitat i l'angoixa que provoca saber que ja hi ha milions de persones a Europa amb uns ingressos insuficients per subsistir, tot i tenir feina.

I ens preguntem: ens pot passar també a nosaltres?

De moment, i segons un informe de la Comissió Europea, Espanya és l'estat de la Unió on més ha crescut la desigualtat. I mira, et poso només dos exemples molt concrets, però ben definitoris.

Per un costat, saps quants llicenciats es van presentar l'any passat a l'Exèrcit per poder ser mileuristes? Més de 10.000. I saps què anunciava fa poc una gran superfície de Barakaldo, en una oferta de feina? Això: «*Seleccionem reposador/a per treballar de manera estable 30 minuts els dilluns, dimecres i divendres. La jornada és de 9 h. a 9.30 h. El sou és de 4,87 € bruts/hora.*»

És a dir, 7,30 € bruts a la setmana. I, per cert, també es demanava experiència!

Un dia, l'any passat concretament, vaig sentir la veu d'un nen a la ràdio que deia coses terribles. Era un anunci per demanar ajuda. El nen havia somiat un entrepà, un entrepà màgic —en deia—, on ell posava el pernil, o el que fos, que la seva mare no l'hi podia donar. No m'ho podia creure. I sí, a Catalunya hi ha nens que passen gana o que no mengen adequadament.

Segons l'Eurostat, l'any 2007, a Espanya hi havia 10,37 milions de persones exposades al risc de pobresa o d'exclusió social. Avui n'hi ha més de 13 milions.

«A Espanya, l'austeritat té un impacte negatiu en els drets humans.» Són paraules de Nils Muiznieks, comissari per als drets humans del Consell d'Europa. Un comissari que també va dir, el mes de juny de l'any passat, que les retallades en sanitat, educació i prestacions socials han provocat un preocupant augment de la pobresa de les famílies espanyoles. Una pobresa que afecta principalment els drets humans dels nens i de les persones amb discapacitats.

Per al doctor Antoni Talarn, doctor en Psicologia, psicoterapeuta i especialista en psicologia clínica, les persones més afectades per la crisi, que estan a l'atur o han patit desnonaments, se senten agredides. Aquestes situacions tan extremes podrien ser equiparables a un trauma, una agressió que posa en qüestió la nostra identitat i la nostra supervivència mental o social. És una situació de terrorisme econòmic, de violència i una falta de respecte molt gran.

Les persones que han viscut desnonaments pateixen trastorns per estrès posttraumàtic. Fins i tot aquelles persones que estan a l'atur i tenen garantida una pensió substitutòria estan patint, perquè la feina és un organitzador psicològic i social, és a dir, ens ajuda a organitzar el nostre temps, les nostres relacions i part de les nostres ambicions. Si perdem la feina i, a més, perdem la llar, què ens queda? Ens sentim despullats.

Els efectes psicològics de la crisi es deixen sentir en la immensa majoria de la societat, encara que no estiguem a l'atur i puguem pagar la nostra llar.

El sector que no sent els efectes perniciosos de la crisi és aquell al qual li va bé i el que dicta les normes.

Aquests tenen un nivell molt elevat de consciència, estan molt enganxats a les normes, a la llei escrita, i apliquen aquesta normativa amb molt poca sensibilitat social. Això permet que hi hagi situacions que són absolutament legals, però, des d'un punt de vista humà, molt poc legítimes.

F.: *Amb un sentit nul de la* pietas, *del posar-se en el lloc de l'altre. És el que hem estat dient, Jaume. De la psicopatia, que no entén ni valora l'altre. Que l'anul·la.*

J.B.: Molta consciència, molta rigidesa i molta norma, però molt poca sensibilitat. Això dóna lloc a actituds feixistes.

La crisi a Espanya ha fet augmentar el nombre de consultes i diagnòstics dels efectes en la salut mental, com depressió (19,4%), trastorns d'ansietat generalitzada (8,4%), atacs de pànic i crisis d'angoixa (6%) i abús de l'alcohol (5%).

A Catalunya ha augmentat l'apatia (11%), la sensació de pèrdua de control (19%), la irritabilitat (8%), la simptomatologia depressiva (11%) i la simptomatologia d'ansietat (10%).

Les persones que han experimentat desnonaments tenen símptomes de trastorn per estrès posttraumàtic, com ara reaccions de por i impotència davant d'altres coses, problemes per dormir i revivències de la situació del desnonament, sensacions d'allunyament emocional, problemes de salut diversos i canvis d'hàbits i rutines. Aquesta agressió és viscuda com un trauma i deixa seqüeles psicològiques. En molts casos es cronifiquen.

El suïcidi a Espanya, en homes d'entre 30 i 50 anys, va augmentar un 10% l'any 2008. Les dones se suïciden menys, tot i que en fan més intents, perquè utilitzen mitjans menys violents. Els homes se senten més responsables de l'economia familiar, els rols tradicionals continuen existint. Les dones tenen més resistència psicològica. Per exemple, les dones es vinculen, estableixen més lligams comunitaris i es donen suport les unes a les altres. Els homes d'entre 40 i 60 anys són els més afectats psicològicament per la crisi.

La crisi ha portat un augment de les alteracions en la dinàmica familiar, per exemple, el maltractament infantil per la tensió dels pares. A més, molta gent pateix angoixa pel que podem perdre, pel que pot passar, i les persones a les quals ja els ha passat tenen símptomes depressius.

Totes aquestes coses no les dirà cap mandatari ni tampoc, possiblement, sortiran gaire destacades a la premsa. Però hi són. És la realitat i, si vols saber-la, només has de buscar l'interlocutor adequat, que, en aquest cas, és el doctor Antoni Talarn.

Saps què és la «síndrome del supervivent»? Doncs és la que es desenvolupa en aquelles persones que, per exemple, treballen en una gran empresa i veuen com cada divendres un parell de companys són acomiadats. La setmana següent tots els treballadors pensen: «i si em toca a mi?».

Si tens una estona, mira el vídeo de YouTube titulat *No Job Land* (que podem traduir com 'Una terra sense feina'), que només dura set minuts:

Què ha passat aquí?

Com és que hem passat de viure en «el millor» dels mons a veure amenaçada la nostra subsistència?

Com és possible que ningú no ens advertís o ens ho digués?

On eren els mandataris, polítics, assessors, acadèmics, mediàtics, periodistes, analistes i un llarg etcètera?

«Vull tornar al 1996», ens diem des de la impotència. Però no es pot. No es pot.

«Vull tornar a pujar en l'idolatrat ascensor social i sempre cap amunt. Sempre.» Però resulta que ara, l'ascensor només pot anar cap avall, és a dir, més aviat és un descens en una pista d'esquí. Alguns, fins i tot, s'atrevirien a anomenar-lo eslàlom: una clatellada (retallada) a cada porta. Sí, ens han canviat l'ascensor de la mobilitat social pel del descens social.

Mira, una dada, i és del paradís del somni: els Estats Units. Resulta que el mite d'Horatio Alger, segons el qual, mitjançant l'honestedat, la perseverança i el treball dur, un jove pobre pot deixar de ser-ho és això, només un mite, malgrat que encara el 40% de nord-americans se'l creuen. Però la realitat diu una altra cosa, segons *The Wall Street Journal*, que cita un estudi fet per Economic Mobility Project of the Pew Charitable Trusts, el 43% dels americans que creixen en famílies pobres són pobres tota la vida. I només un 4% aconsegueix escalar fins al quintil més alt. El 27% passa al segon quintil, el 17%, al tercer, i el 9%, al quart. I entenc que ara no sortiran els de sempre per dir que el 43% que no aconsegueixen sortir de la pobresa és perquè no s'esforcen, oi?

Mas-Colell, conseller d'Economia i Coneixement, en la presentació dels pressupostos del 2014 va dir: «En termes reals, el 2014 estarem igual que estàvem el 2004.» Aquest titular el vaig agafar del *Punt-AVUI* i en vaig fer un retuit. I un tuitaire en va fer aquest comentari: «Sense fills ni hipoteca?» Sí, pressupostos del 2004 per al 2014 amb fills, hipoteca i, potser, a l'atur.

Què ha passat, Josep Maria?

Per què sembla que podem o estem a punt de perdre el que amb esforç i treball ens han llegat els nostres pares i nosaltres hem pogut millorar?

Segons el doctor Talarn:

«L'ésser humà és, per naturalesa, un ésser desitjant. Vivim només parcialment en el regne de la biologia; la major part del temps vivim en el regne de la imaginació, la fantasia i el simbolisme. Aquí el desig és inabastable. La cobdícia és el desig natural de posseir, perquè si no posseïm no podem subsistir. Però aquest desig natural, en alguns es decanta cap a l'avarícia, què és el desig de posseir i retenir només per a un mateix i per al propi profit.

»El capitalisme ha captat molt bé l'essència de l'ésser humà i el que ens està passant és producte de l'avarícia desfermada d'un sector de la humanitat. El sistema ha emmalaltit, té un problema, ha perdut l'equilibri i genera efectes negatius per a la major part de la població. El sistema té una psicopatologia, perquè hi ha persones darrere del sistema.»

Una ullada històrica

I, des del 1989, que és quan va caure el mur de Berlín, l'economia salvatge i canalla ha anat guanyant terreny a la política.

F.: *M'agradaria que ara féssim una breu ullada històrica al que ens ha dut fins aquí. No pas una lliçó d'història en el sentit estricte, sinó de quina manera contemples tu el panorama internacional, la seva evolució més recent.*

J.B.: Des del 1945 fins al 9 de novembre de 1989, la política va dominar l'economia. I, des d'aquell 9 de novembre de 1989, que és quan va caure el mur de Berlín, l'economia salvatge i canalla ha anat guanyant terreny a la política. Sense enemic, sense antagonista, el capitalisme passa a ser el sistema econòmic hegemònic i els depredadors socials i els seus vassalls de tota índole i professió s'imposen amb només un objectiu: fer-se més rics. Una vegada lliures d'enemic, ni roig ni amb creu gammada, és la seva hora: la dels grans beneficis, i la globalització és la seva gran coartada. L'eficiència, la productivitat i la competitivitat són les seves banderes.

El Fons Monetari Internacional, el Banc Mundial i l'Organització Mundial de Comerç triomfen: liberalització d'inversions i comerç, privatització d'actius públics, desregulació de mercats, retallades en serveis socials i en la despesa de benestar. És la «globalització del lliure mercat».

Margaret Thatcher, primera ministra de la Gran Bretanya entre el 1979 i el 1990, i Ronald Reagan, president dels Estats Units en el període 1981-1989, van ser els primers executors del que avui patim. Encara que dubto, sincerament, que haguessin arribat a imaginar-se la gradual destrucció de la classe mitjana occidental a causa de l'allau de mà d'obra barata i les conseqüents deslocalitzacions. Tant Thatcher com Reagan són l'exemple de persones perverses. Una persona perversa estableix amb una altra persona una relació parcial, és a dir, no com a persona sinó com si fos un objecte, pot utilizar-la i llençar-la i no li importa què li passa.

L'any 1960, Deng Xiaobing, el que acabaria sent l'home fort de la Xina, va pronunciar una frase històrica: «És igual que el gat sigui blanc o negre, l'important és que caci ratolins.» L'1 de gener de 1979, els Estats Units van establir relacions diplomàtiques plenes amb la República Popular Xina i Deng Xiaobing no va trigar gaire a pronunciar una altra de les seves frases per a la història: «Fer-se ric és gloriós.»

«Fer-se ric és gloriós», vet aquí el càncer que avui patim: fantasies, deliris de megalomania i irracionalitat. La fantasia del creixement il·limitat, de la idea que «hem de tornar a créixer».

Els contraris al paper de l'estat com a agent anivellador i/o compensador de les desigualtats han triomfat, i s'han imposat amb la col·laboració necessària de l'esquerra, sobretot de la socialdemocràcia, que els ha fet l'agenda (Schröder). I això és així a causa d'una certa incapacitat de l'esquerra de fer conviure el mercat, que, com està més que demostrat, és més eficient a l'hora de crear riquesa, amb el manteniment d'un sector públic garant i generador d'igualtat-equitat.

No sé fins a quin punt, per exemple, hi ha diferències avui entre un mandatari d'esquerres i un de dretes quan parlen de creixement, si no s'hi afegeix el compromís amb la igualtat i la disminució de la pobresa.

Històricament, l'estat del benestar ha estat un mecanisme de regulació del capitalisme en la seva fase d'expansió, però avui està amenaçat de mort no tan sols pel neoliberalisme, sinó per la mateixa revolució tecnològica que va transformar i transforma els processos productius i distributius.

L'any 2001, la Xina, dictadura comunista, va entrar a l'Organització Mundial del Comerç: la mundialització de l'economia era un fet. L'economia es tornava oficialment global, mentre que la política mig administrava realitats locals. L'estat del benestar, que ja era un obstacle, com les polítiques de Keynes, des de feia dues dècades, es bat en retirada.

Així defineix la globalització Percy Barnevik, expresident del consell administratiu de la firma ABB: «Jo definiria la globalització com la llibertat per al meu grup, de produir el que vulgui, de comprar i vendre on vulgui i d'enfrontar-se a la menor quantitat possible d'obstacles relacionats amb la legislació laboral o les lleis socials.»

Ho has sentit bé? «Legislació laboral o lleis socials.» És a dir, regulació.

Una vegada dins de l'Organització Mundial del Comerç, el «comunisme de mercat» xinès practica el lliure comerç, sense aranzels, sense restriccions, sense quotes i es converteix en la fàbrica del món: el paradís per a tots els que volen fer la seva pròpia «legislació laboral».

És obvi que un treballador europeu no pot «competir» amb un treballador xinès, sobretot els treballadors no qualificats. Un treballador europeu o occidental té drets socials, té drets laborals, té drets adquirits i això té un preu. Quins drets té un treballador xinès? Una empresa química a Salt ha de complir tota una sèrie de requisits i lleis i això també té un preu. La mateixa empresa a la Xina no ho ha de fer, si més no, amb la mateixa severitat.

Per què s'ha de continuar pagant 100 euros a un treballador manual d'una empresa del Baix Llobregat per fer una feina que un treballador xinès de les mateixes característiques i sense conveni ni regulacions ni sindicats només en cobraria 15?

El grup dirigent que ens domina amb la seva claca corresponent sempre ha entès que economia és igual a ideologia, encara que ho dissimulin amb la pompositat de «ciències econòmiques». I de la ideologia, que no pas de la ciència, en surt aquesta pulsió que sempre tenen per abaixar salaris i «costos» socials. Ho diuen tots els del mateix club: FMI, BCE, BdE, patronals, escoles de negocis, governs multicolors al servei dels «amos de l'univers» i assimilats.

Ens vénen amb la cançó d'abaixar salaris per ser més competitius, per millorar la productivitat. I això és fals. I hem de dir que és fals. Cal que ho diguem.

F.: *En quin sentit, això és fals?*

J.B.: Quan les empreses parlen de competitivitat es refereixen a la capacitat per competir amb èxit en el mercat lliure. I això significa que, si una empresa és competitiva, vendrà els seus productes, tindrà beneficis i, possiblement, acabarà guanyant quota de mercat. Però crec que no se t'escapa que l'empresa acabarà guanyant quota de mercat perquè els seus productes són millors que els de la competència. I són millors perquè inclouen innovació. Si només fossin més barats, les altres empreses abaixarien preus i punt. Per tant, si tu no fas res més que abaixar els salaris, és possible que guanyis més com a empresari, com passa ara. Però la gran baixada de salaris que hi ha hagut a Espanya ha acabat escanyant la demanda interna, cosa que no afavoreix la sortida de la crisi.

Mira, la presidenta actual de la Reserva Federal dels Estats Units, Janet Yellen, va fer, conjuntament amb el seu marit, el premi Nobel d'Economia George Akerlof, un estudi en el qual explicaven clarament que els empleats mal pagats eren menys productius. Però es veu que aquí l'única pulsió que hi ha és laminar tots els drets socials dels treballadors. Per cert, el 14 d'agost d'aquest any farà seixanta-vuit anys. Ho dic per als defensors i impulsors dels acomiadaments biològics.

M'expliques com podran augmentar la producció les empreses si la demanda interna no ressuscita a causa de la pèrdua de poder adquisitiu (devaluació interna) de la majoria de la població? I si les empreses no augmenten la producció, com començaran a crear ocupació?

La productivitat i la competitivitat milloren, augmenten, des de la innovació. S'entén, no? Tots aquests de l'Ibex-35 poden estar molt contents perquè han augmentat els seus beneficis reduint plantilles i abaixant salaris; de fet, ho deuen celebrar amb Dom Pérignon, però... han innovat?

Segons l'Institut Nacional d'Estadística, l'INE, només l'any 2012 la inversió en I+D va caure el 5,6%, la pitjor dada en una dècada.

I aquí és on el tema fa mal: tenen tots els països de la zona euro la mateixa productivitat? Rotundament, no. I què passa quan els països de la zona euro tenen la mateixa moneda i productivitats diferents? Doncs que guanya Alemanya: *Deutschland, Deutschland über alles.*

T'ho miris com t'ho miris, estem ben agafats. Quan Aznar i els seus *boys* van arribar a la Moncloa, que va coincidir amb l'arribada de l'allau de diner procedent dels països rics d'Europa, Espanya va entrar en una ratera d'on serà molt difícil sortir, i, quan se'n surti, no es reconeixerà. Pensa que, el 2005, el sector de la construcció contribuïa al PIB en un 20%! I, avui, en gairebé un 7%.

La «golferia» governamental va vendre totes les joies de la corona i va establir les bases per a l'hecatombe que va culminar Zapatero.

Ara, la nostra balança exterior és positiva, perquè importem menys del que exportem. Importem menys perquè el consum és molt baix. Aleshores, hem guanyat competitivitat, però per on l'hem guanyada, amb un major valor afegit dels productes? No, ha estat amb una rebaixa del salari. I continuarà. Mentrestant, el Fons Monetari Internacional (FMI) suggereix a Espanya d'abaixar més el salari, i també de taxar el patrimoni dels ciutadans per reduir el dèficit públic. A qui serveix l'FMI? Als pobres no, i als treballadors tampoc. Per què l'FMI no proposa de taxar els bancs amb un 10% pels danys morals que han produït en l'economia i en la societat? Tot el que proposa és un càstig a les classes populars, incloent la classe mitjana.

Fixa't, sisplau, en aquestes dades:

«El 80% dels menors de 30 anys continuen vivint amb els seus pares.» Són dades fetes públiques pel Consell de la Joventut d'Europa corresponents al segon trimestre del 2013.

L'última Enquesta de la Joventut de Catalunya, que elabora la Generalitat, conclou que més d'una tercera part dels joves catalans d'entre 20 i 34 anys viuen a casa dels pares. Són dades del 2012.

Exactament, el percentatge de joves que viuen amb els pares és del 36,6%. D'aquests, un 40,8% aporten més d'una quarta part del seu sou a casa, i això permet que un 16% de famílies puguin sortir del llindar de la pobresa. El 30,6% aporten entre el 25 i el 50% dels ingressos de la llar, i el 10,2%, més del 50%.

Sisplau, Josep Maria, em pots dir què estem fent? Em pots dir com es deuen sentir, quina autoestima deuen tenir aquests joves que encara no poden emancipar-se? Em pots dir quin país amb l'orgull de ser-ho aguanta una situació com aquesta? Em pots explicar quan trobaran feina aquests joves? I quan en trobin, quina feina serà, amb quines condicions, quin salari, etc.? Em pots dir com es deuen sentir els pares, encara en edat de treballar, que, si no fos pel que guanyen els fills, els que tenen la sort de tenir-ne, no podrien subsistir? No creus que nosaltres, els seus pares, tenim una certa responsabilitat en el que avui estan i estem patint?

Quin serà el seu futur?

F.: *Certament és una situació asfixiant, en el sentit que les perspectives semblen nul·les. I, a pesar dels anun-*

cis que volen ser optimistes, aquesta llosa per al jovent és enorme.

J.B.: Nosaltres patim per les nostres jubilacions, però i ells? Quina serà la seva pensió si no comencen a treballar fins que són més grans de trenta anys? I ja els voldran, llavors? No els consideraran grans? N'hi haurà, de pensions, quan ells es jubilin?

Ens vénen amb el mantra de la recuperació:

Hare Krixna Hare Krixna
Krixna Krixna Hare Hare
Hare Rama Hare Rama
Rama Rama Hare Hare

Tornen a jugar amb el llenguatge, amb la manipulació de la paraula, tornen a mentir. I ho fan a consciència, amb tota la consciència, coneixedors de les tècniques. Són uns genis de la lingüística-ficció.

Els poderosos tenen el poder i una sensació d'impunitat molt gran. Entren en un estat alterat de consciència, no perceben exactament què està passant. Es comporten com nens avariciosos i són voraços, la raó deixa de manar i es confon poder amb omnipotència. Recordes ara les paraules de Jim Kouri? Potser eren exagerades, d'acord, però en el fons delaten una actitud generalitzada en el món de la política.

Mira, ja que parlem de mantres, quan hi hagi «recuperació», voldrà dir que podrem recuperar tot el que hem perdut?

No ho recuperarem, entre altres coses perquè, si no es decideix el contrari, no es tornarà a viure del crèdit com fins al 2007, per la globalització i per la «revolució» tecnològica. Recordes la Singularity University i el que va dir Salim Ismail?

T'ho dirà això, el mandatari de torn?

Fixa-t'hi: les previsions de la Comissió Europea per a Espanya aquest any són que es creixerà un 0,5% i l'1,7% el 2015. L'atur continuarà per sobre del 25%. Però adverteix que això no seria així si el Govern deixés de retallar. És per dir: «Bravo, senyors!»

I, pel que fa al dèficit, Brussel·les ja s'adona que Espanya no podrà ajustar-lo com correspondria, cosa que farà que hi hagi més pressions per reduir-lo. Però el que encara és pitjor és que, com que la «recuperació» serà feble, l'Estat no recaptarà el suficient per reduir el dèficit, cosa que vol dir que el suposat creixement només serviria, gairebé, per pagar els interessos del dèficit. Un altre «¡Bravo!».

Per què va abaixar tipus el Banc Central Europeu el 14 de novembre?

Quan els mandataris de qualsevol color, siguin de Madrid, de la perifèria o de Katmandú, parlen de recuperació i de creació neta d'ocupació, què volen dir?

Què entenen per ocupació?

Ocupació és treballar tres hores a la setmana fent de reposador quan abans eres administratiu i tenies contracte fix?

Andy Robinson, a *La Vanguàrdia*, en l'article «Nova York, història de dues hamburgueses» (08/12/13), explica que el 97% de l'ocupació que s'ha creat a la ciutat a Wall Street des del 2008 es concentra en els establiments de menjar ràpid, els *Fast Food*: on un de cada quatre treballadors ha de demanar ajuda social en forma de bons de menjar perquè els sous són gairebé d'esclavatge. I on el 87% dels treballadors no té cobertura sanitària.

Això sí, les multinacionals del menjar porqueria van guanyar 7.400 milions de dòlars, i els seus consellers delegats, més de 7 milions. Si vols aprofundir-hi, aquí en tens el link:

http://fiscalpolicy.org/taxpayer-costs-of-low-wage-fast-food-jobs-in-nys

F.: *Me l'apunto, sí. Una de les grans fal·làcies, segurament, és aquest omplir-se la boca amb l'ocupació, quan, en realitat, estem parlant d'uns treballs les condicions dels quals quasi ens fan recular fins als de la Revolució Industrial.*

J.B.: És això. Per què no parlen, tota la claca, de la «qualitat» d'aquesta ocupació?

Per què no parlen que hi ha companys que han trobat feina amb la condició de no preguntar què cobrarien?

Per què no compareixen davant de l'opinió pública i diuen, de veritat, que el que hem viscut ja no ho tornarem a viure?

El model econòmic hegemònic que tenim, el capitalisme, necessita créixer de manera sostinguda. Bé, algú em pot dir si Espanya serà capaç de créixer en taxes superiors al 3% de forma sostinguda en els propers anys? Segons Klaus Reglin, director del fons de rescat europeu, «encara que Europa surti de la crisi, Espanya no tornarà a créixer als nivells previs a la caiguda. No es pot continuar com abans».

És ben curiós això. Més ben dit: és brutalment pervers. Tots aquests mandataris genuflexos d'aquí no es qüestionen a si mateixos. No aprenen de l'experiència, d'altres crisis anteriors. Tant és així, que si poguessin ara mateix tornarien a construir aeroports i AVE com uns posseïts. I és que només actuen a curt termini.

El sistema s'ha corromput, no va bé. S'ha caigut en l'avarícia. Han utilitzat mitjans deshonestos per satisfer la seva avarícia, com la il·legalitat, la mentida, l'opacitat, la trampa, la corrupció, les amenaces i el cinisme. Aquestes dimensions formen part de la mentalitat de tots els éssers humans, podem fer-ho tots, però quan els que ho fan són poderosos, tenen mitjans al seu abast i controlen la vida dels altres, tenim un problema. I gros, ben gros!

La crisi actual és una crisi de valors, a la qual ens han portat uns quants per no poder controlar la seva avarícia. El sistema capitalista està malalt, i el neoliberalisme no n'és la salvació. Tot el contrari.

En la disfunció hi hem participat molts, però amb diferents graus de responsabilitat. Qui més responsabilitat té són els més poderosos, que s'han corromput.

Sisplau, em pots dir quina força moral té un govern en què hi ha membres que han cobrat en B, segons Bárcenas, un Bárcenas que tenia 47 milions d'euros a Suïssa?

Em pots dir, sisplau, quina legitimitat moral tenen aquests personatges per fer alguna cosa? Em pots dir quina legitimitat moral tenen per demanar-nos sacrificis?

Són narcisistes perquè no tenen vergonya ni sentiment de culpa; són psicòpates perquè no tenen empatia ni sensibilitat per posar-se al lloc de l'altre; són violents perquè usen la força, ja sigui física o simbòlica, com la força de les lleis. Així de clar.

F.: *Els fonaments de l'estat del benestar trontollen, s'esquerden. Només en queda l'aparença. És com si la musculatura hagués desaparegut i ara només se'n percebés l'esquelet, un esquelet esquifit.*

J.B.: L'estat del benestar es basa, principalment, en cinc pilars: jubilacions, subsidi d'atur, sanitat, polítiques socials i educació.

I ara m'hauràs de perdonar perquè no en recordo la font, només en vaig fer una fotografia. Es tracta d'una taula d'equivalències entre l'abans i el després de la crisi que vaig veure a internet. És aquesta:

ERA INDUSTRIAL	ERA DE LA INFORMACIÓ
Més treballadors que jubilats	Més jubilats que treballadors
Es valora l'experiència	Es valora la imaginació
Edat avançada, un avantatge	Edat avançada, un inconvenient
Promoció a partir dels 45 anys	Promoció fins als 40 anys
Jubilació garantida	Jubilació no garantida
Treball fix per a tota la vida	Molts treballs temporals
Seguretat laboral	Llibertat professional
Empleats	Agents lliures
Treballs de coll blau	Treballs de coll blanc
Coeficient d'Intel·ligència	Coeficient Emocional
Ment lògica	Ment holística
Mercat i competències locals	Mercat i competències globals

És obvi que cada apartat de la taula necessita unes quantes pàgines per comentar-lo, però crec que no caldran. Tothom que no sigui cínic sap que la tendència, si no ho aturem, és la que cruelment exposa la taula. I mira, possiblement, hi falten coses com, per exemple, la «*movilidad interior y exterior*».

També hi podríem incloure el copagament o repagament massiu de serveis que, fins ara, hem considerat intocables.

A veure si ho entenem: per mantenir el sistema de protecció social del qual fins fa molt poc havíem gaudit s'han de tenir els ingressos necessaris per fer-ho. I aquests ingressos poden venir de tres llocs: creixement econòmic alt, augment d'impostos i/o copagament. També es podria taxar els rics molt més del que es fa, i les grans empreses, la majoria de les quals només paguen entre el 5 i l'11%, és a dir, menys de la mitjana de tots els contribuents, i totes amb «xiringuitos» en paradisos fiscals, com hem dit. També es podria lluitar fermament contra el frau fiscal. I tot el que vulgueu. D'acord. Però fins ara què ha passat? Qui ha rebut aquí? O és que abans de totes aquestes retallades no hi havia frau fiscal, per exemple?

Has vist algun polític amb poder proposar un impost als bancs sobre beneficis pels danys causats a l'economia i a la societat?

Per què no es vol veure que aquesta gent no té barreres morals? Algú s'hauria pogut imaginar alguna vegada que es fes pagar el 10% de la medicació hospitalària a malalts de càncer o hepatitis crònica no hospitalitzats, per exemple? Sí, ja sé que alguns consellers de Sanitat s'hi han negat, però la norma es va publicar al BOE. És a dir, fins on arriba la perversitat i la psicopatia de la ministra Ana Mato?

Carta adreçada a un noi de trenta anys

Però resulta que aquest jove no té dinou anys, sinó que en té trenta. Com podrà formar una família? Compartint el pis amb d'altres?

F.: *Saps què percebo, Jaume? Un augment de la teva indignació, que ja era evident fa un any, i que ara s'eleva encara més per un seguit de circumstàncies que no fan sinó fer créixer aquesta sensació de desprotecció que ve donada per l'alegria, diguem-ho així, amb què els poderosos actuen.*

J.B.: «Alegria» en el sentit d'impunitat, com si no haguessin de retre comptes dels seus actes. Mira, per exemple, el cas de la Junta d'Andalusia, de la seva «mort previsible». La Junta d'Andalusia, presidida per una senyora que no ha treballat mai fora de la política, com la ministra del No-treball, Fátima Báñez. Una ministra que va reconèixer, sense caure-li la cara de vergonya, que la seva reforma laboral, la més agressiva de la història, no va ser pensada per crear ocupació. Aquesta senyora va començar la seva carrera com a vocal del comitè executiu regional del PP d'Andalusia, el 1996; després va ser coordinadora de la presidència del partit i va tenir el primer càrrec públic, com a membre del consell d'administració de la televisió andalusa. Del 2000 al 2004 va ser diputada al Congrés per Huelva, durant tres legislatures, amb tot de compromisos institucionals com a portaveu o vocal de comissions, i coordinadora de l'àrea econòmica del PP. I després? Ministra. I ja està. Cap experiència laboral fora d'aquest àmbit.

Tenint en compte que la ministra és andalusa, m'ha vingut al cap un altre cas, el de l'ara influent i poderosa presidenta de la Junta d'Andalusia, Susana Díaz Pacheco. La il·lustra presidenta tampoc no ha treballat mai fora de la política. Des de la seva militància, a partir dels disset anys, en les Joventuts Socialistes, ha anat ocupant càrrecs interns del partit i ha estat parlamentària i senadora des del 2004, fins que el 5 de setembre de 2013 va ser investida presidenta de la Junta. Així ho resumeix la mateixa web institucional: «*Susana Díaz ha desarrollado una intensa trayectoria política en la comunidad autónoma. Ha ocupado distintos cargos orgánicos en el PSOE de Andalucía e institucionales en el Ayuntamiento de Sevilla, el Parlamento de Andalucía, el Congreso de los Diputados, el Senado y el Gobierno andaluz, a cuya máxima responsabilidad accede tras ejercer como consejera de la Presidencia e Igualdad durante el primer año de la presente IX Legislatura.*» No cal afegir-hi gaire res més, no et sembla?

Ja fa molt temps que alguns vam proposar, cadascú des del seu lloc, regeneració democràtica i reformes profundes en el sistema productiu espanyol. Però aquí no interessa ni una cosa ni l'altra. I els exemples de determinats governants, justament dels que tenen més incidència en el teixit productiu i en les relacions laborals, són així de depriments. Mentrestant, l'empobriment de la majoria de la població és cada dia més evident. I ja em perdonaràs, perquè aquesta és la meva cantarella, però en temps com els actuals el que s'ha de fer és país i no partit.

En una de les meves entrevistes a Santiago Niño-Becerra, el professor va dir una cosa que em va fer saltar de la cadira: «Sobren cinc milions de persones.» Buf! «Sobren cinc milions de persones.» Molta gent va reaccionar de la mateixa manera quan ho van sentir i així ho van manifestar en les xarxes socials. Però el que va dir i diu Niño-Becerra no s'allunya gaire del que està passant. Per exemple, com tothom sap, disminueix la població activa i també l'augment de les contractacions temporals és exponencial.

Ara, sisplau, posem-nos en la pell d'un jove de trenta anys que encara viu a casa dels pares. Imaginem-nos que és llicenciat en Història o en Periodisme, per exemple. Per cert, pregunta, pregunta quants llicenciats en Periodisme surten cada any de les universitats catalanes i, després, parla amb els propietaris dels mitjans. Bé, al tema.

Tens trenta anys, ets llicenciat en Història, encara vius amb els pares i, de tant en tant, fas unes feinetes temporals, ja sigui al McDonald's, al Burguer King, al Pans & Company, al bar de la cantonada o ajudes en feines de repàs la filla de la veïna de l'amiga de la teva mare. Trenta anys, alt, guapo, fort, valent, en la millor etapa de la vida. Saps quant es cobra en aquests llocs de menjar ràpid? Vols saber-ho? I al Mercadona, ja que el seu propietari és el segon més ric d'Espanya amb 5.800 milions d'euros, segons *Forbes*?

Per cert, continuant amb la revista *Forbes*, els 100 personatges més rics d'Espanya sumen un patrimoni total de 158.500 milions d'euros, el 15,8% del PIB. Fixa-t'hi, bé, la fortuna de només 100 persones representa el 15% de la riquesa creada en un any per Espanya. Això s'anomena societat justa i equitativa.

F.: *T'adreces a un noi de trenta anys amb ben poques perspectives...*

J.B.: Al Burguer King, es cobra, per 20 hores a la setmana, 390 € nets al mes. I sempre es treballa obligatòriament tots els divendres, dissabtes i diumenges. Si hi ha hores extres, a 4,62 €. I es cobra el dia 7 de cada mes. No és estrany que hi hagi dies entre setmana que la jornada acabi a les dues de la matinada.

Al Mercadona, 15 hores a la setmana, contracte d'estudiant, 442 € nets al mes per 12 pagues. En cas de contracte convencional, 40 hores a la setmana, tots els dissabtes inclosos, 1.050 € nets per 12 pagues. És a dir, 12.600 € any. En general, no pots triar quan fas les vacances. Si arribes dos minuts tard, se't descompta una hora. Una encarregada de Mercadona, 40 hores a la setmana, entre 1.300 i 1.450 €. Nadals i festes assenyalades són per als que no treballen en el sector comerç. Mercadona és, possiblement, l'empresa d'aquest sector que paga més.

Pot aquest nostre jove, que treballa al Burger King, emancipar-se amb 390 € al mes, és a dir, deixar la casa dels seus pares? I el que en cobra 1.050 € al Mercadona?

Ben segur que et sortirà de seguida el que no ha de viure amb 1.000 euros al mes i et dirà que es pot fer perfectament. Que comparteixi el pis amb altres joves i que es busqui una segona feina. Però resulta que aquest jove no té dinou anys, sinó que en té trenta. Com podrà formar una família?

Parlant de famílies, segons l'oficina estadística de la Comissió Europea, l'Eurostat, que és on s'han de mirar i buscar les dades, els serveis bàsics d'una llar han augmentat el 50% des de l'inici de la crisi. El preu de l'electricitat per a consumidors domèstics ha augmentat el 74,50% a Espanya, i el gas, un 31,69%. L'aigua, a Catalunya, segons l'Observatori del preu de l'aigua, un 40% entre el 2008 i el 2013.

A Europa, Espanya és el tercer país on més cara es paga l'electricitat. Ens superen Irlanda i Xipre.

Saps quin és el marge de les empreses en l'energia elèctrica d'origen nuclear? El 200%.

Saps quin és el marge de les empreses en l'energia elèctrica d'origen hidràulic?

De fins al 700%. Dades que facilita Jorge Fabra, expresident del Col·legi d'Economistes de Madrid, expresident de Red Eléctrica Española i exconseller de la Comissió Nacional d'Energia.

Més, més. Diuen que els oligopolis elèctrics espanyols tenen un dèficit de tarifa de desenes de milers de milions d'euros. Molt bé. Segons l'Asociación Española de la Industria Eléctrica (Unesa), Iberdrola va ser la segona elèctrica que més va guanyar a Europa el 2012, en concret, 2.868 milions nets. I Endesa va ser la tercera, amb 2.771. Gas Natural Fenosa va ser la desena, amb 1.657 milions. Fantàstic. Dèficit de tarifa amb guanys gegantins. Extraordinari. Vaja, que el dèficit de tarifa és una ruïna. Una ruïna que possibilita que Endesa pagui un dividend als accionistes del 6,8% i, Iberdrola, del 6,15%.

Saps que cada família a Espanya deu 56.000 euros a causa del deute públic espanyol (desembre del 2013)?

Per què no hi ha cap mandatari que parli d'aquesta realitat? Per què no hi ha cap mandatari que exposi amb cruesa què passarà si això continua d'aquesta manera?

A Espanya hi ha un problema demogràfic greu. Bé, de fet, el compartim amb gairebé tots els altres països europeus. Mira la piràmide de població, sisplau. I, ara, femnos aquestes preguntes:

a) Com es podran pagar les pensions?
b) Com es podran pagar les pensions amb baixa natalitat, atur molt alt i sous de 600 euros?

No et preocupis, no hi haurà ningú amb poder que t'ho digui. Per què? Perquè el volen conservar, el poder, evidentment.

Per què no hi ha cap mandatari que et digui això: segons la Federación Europea de Empleadores, un treballador mitjà d'una companyia gran espanyola va haver de treballar vuit dies el 2012 per igualar el que va cobrar el seu conseller delegat en gairebé una hora.

Oh, i espera't, que encara és molt pitjor si el treballador és d'una categoria inferior. En aquest cas, va haver de treballar vint-i-un dies per cobrar el que l'alt executiu de l'empresa va cobrar en una hora. Espanya és el segon país europeu amb aquesta desigualtat. El primer és Itàlia. Si vols aprofundir-hi, aquí tens un link: *http://www.economist.com/blogs/graphicdetail/2013/06/daily-chart-6*

F.: *Tinc la percepció, Jaume, que en tot aquest temps has armat el teu discurs —que ja era contundent— encara amb més bases sòlides. Amb xifres inexpugnables. Concloents.*

J.B.: És que hi són, Josep Maria. Només falta que les fem visibles, que la ciutadania les pugui conèixer, que no quedin recloses en una mena de caverna només per a entesos o *connaisseurs*.

Jan Tinbergen va ser el primer premi Nobel d'Economia. Tinbergen defensava que una empresa seria menys productiva si el sou del treballador més ben pagat superava en més de cinc vegades el del menys pagat. Llàstima que les escoles de negocis se n'hagin oblidat, d'això!

Doncs bé, segons Bloomberg, els CEO, els consellers delegats de les 500 empreses més importants dels Estats Units, avui cobren de mitjana 204 vegades el que perceben els treballadors estàndard de les companyies que dirigeixen, un 20% més des del 2009. L'any 1950 era de 20 vegades, el 1980, de 42, i el 2000, 120 vegades. T'agrada? Pobre Jan Tinbergen! I si a algú no li semblen prou alarmants les mitjanes, per dir-ho d'alguna manera, aquí tens casos concrets.

El CEO d'UnitedHealth Group cobra 1.737 vegades el sou mitjà dels treballadors de la companyia. El de Wallmart, 717 vegades.

I ja que som als Estats Units, al país de l'oncle Sam, el 20% dels més rics tenen el 84% de la riquesa. A Suècia, en canvi, en posseeixen el 36%.

Bé, deixem-ho.

Els mandataris i tots els que els riuen les gràcies són els que després et vénen amb l'austeritat, les retallades, els consells, la laminació de drets i un llarg etcètera. I, a més, en lloc d'explicar què passa, el que fan és manipular i tergiversar el llenguatge.

Els que en saben diuen que «les paraules amaguen el pensament». L'alcaldessa de Madrid i dona de l'*estadista* José María Aznar, Ana Botella, és un prodigi de laboratori lingüístic. Fixa't: «*La reforma laboral y el PP son la ideología que más progreso ha traído a la historia de la humanidad.*» Què et sembla? Apa!

Bé, aquests són alguns exemples de la seva neollengua, també en format taula, i obvio els que ja vaig destacar en *S'ha acabat el bròquil*:

NEOLLENGUA	LLENGUA
Millorar la competitivitat	Congelar el salari mínim
Taxa negativa de creixement econòmic	Recessió
Tiquet moderador	Copagament
Reformes	Retallades
Minijobs	Treball precari
Flexibilitzar el mercat laboral	Abaratir l'acomiadament
Emprenedors	Empresaris
Ajuda als estalviadors	Rebaixa fiscal als més rics
Violència en l'entorn familiar	Violència masclista
Facilitar la gestió activa del patrimoni malmès de les entitats financeres	Regalar diners públics als bancs
Els salaris no s'abaixen, moderen l'augment	Baixen els salaris
Reformes estructurals	Retallades permanents
Recàrrec complementari temporal de solidaritat	Augment d'IRPF
Copagament	Repagament
Remem tots junts	Oblidar i pagar

Canvi de ponderació impositiva	Augment d'impostos
Mesures excepcionals per incentivar la tributació de rendes no declarades	Amnistia fiscal
Negociarem fins a l'extenuació	Imposar
Retraïment de la paga extra	Supressió d'una paga extra
Externalització de serveis	Privatització de serveis públics
Mobilitat exterior	Fuga de cervells i de gent jove
Simulació en diferit d'un salari	Pagar perquè no canti
Desindexació	Abaratir les pensions
Cessament temporal de convivència	Divorci
Crisi actual	Estafa
Avançament de possibles deterioraments futurs	Pèrdues
Agències de qualificació de riscos	Màfia legal
Becari	Treballador gratuït
Col·locació de preferents en tram minorista	Estafa
Disminuir rigideses en contractes	Abaratir l'acomiadament
Garantir la gratuïtat de la justícia	Augmentar taxes

Mileurista	Treballador que abans feia pena i, avui, enveja
Programa electoral	Estafa
Generositat decreixent	Retallades
Policia demana col·laboració	Escorcoll de 14 hores a la seu del Partit Popular
Dèficit de Tarifa Elèctrica	Beneficis gegantins de les elèctriques
Èxit del sanejament bancari	La caiguda més gran del crèdit nominal en termes PIB de la història d'Espanya

No cal estudiar lingüística ni sociologia, ni parlar amb Sebastià Serrano, per saber o per adonar-nos que el llenguatge és utilitzat ideològicament pel poder per modificar la percepció de la realitat. I ens faríem creus de la quantitat de gent, de conciutadans que acaben creient el que diuen, com l'execrable «hem estirat més el braç que la màniga».

Mira, un país on no pots saber amb exactitud el currículum dels ministres, consellers o qualsevol mandatari no és segur, no és de fiar, com tampoc no es de fiar si no hi ha seguretat jurídica. Així és que no et sorprenguis de la manipulació del llenguatge que practiquen amb gran devoció i energia.

Tampoc no són transparents. Fem un exercici. Anem a la pàgina web de La Moncloa, busquem «Gabinete» i triem el ministre de Defensa, Pablo Morenés. Ens quedem en el seu currículum. Ara, anem a la pàgina del Ministeri de Defensa. Per no perdre temps, posem Pablo Morenés a buscar i llestos. Mirem el seu currículum.

Quines diferències hi ha entre el currículum del ministre que es pot veure a la pàgina de La Moncloa i el que es pot veure a la pàgina del Ministeri?

Jo em quedo amb la informació que ha estat president de MBDA a Espanya. I què és això? Doncs és un dels fabricants més grans de míssils del món. I també em quedo amb el fet que ha estat conseller, segons Escolar.net, d'Instalaza, una fàbrica espanyola de bombes de dispersió. Una fàbrica que, després que Espanya prohibís aquestes armes, va presentar una demanada contra l'Estat de 40 milions d'euros. I és curiós perquè jo no trobo Instalaza en cap de les dues pàgines, com tampoc no hi trobo altres càrrecs que ha ocupat en empreses relacionades amb l'armament.

Fixa't on hem anat a parar després de preguntar-nos quant es cobra al McDonald's: al ministeri de Defensa!

Però, mira, ja que hi som, aconsello al nostre jove de trenta anys que faci una mica de deures per aconseguir no deprimir-se. Pot començar per saber qui és qui a Bankia:

http://escolar.net/MT/archives/2012/07/biografias-imputados-bankia.html

F.: *T'adones que estàs adreçant una mena de carta imaginària a aquest noi, a aquest exemple simbòlic del futur?*

J.B.: Més o menys es podria entendre així. Un avís per a navegants.

Si el jove que no es pot emancipar encara no en té prou, podríem explicar-li que l'Associació Espanyola de Banca, l'AEB, vol que el seu president sigui José María Roldán, que va ser, durant tretze anys, el director general del Banc d'Espanya i el responsable de Regulació i

Estabilitat Financera d'un sector que ha necessitat més de 60.000 milions en ajudes amb diner públic. És a dir, que «la patronal del bé comú» (Santander, BBVA, Popular, Sabadell i Bankinter...) vol que el seu president sigui el mateix que va fer tan bé la seva feina que no va veure res del que passava. Perquè se suposa que els excessos de les entitats financeres i de la fatxenderia durant l'orgia del totxo era un miratge, oi?

Però aquestes coses no han d'estranyar al nostre jove que voldria emancipar-se. Com és sabut, Mario Conde va perdre Banesto quan el governador del Banc d'Espanya era Luis Ángel Rojo. Si et queden pessetes encara podràs veure la seva signatura en els bitllets.

Bé, qui es va quedar Banesto? El Santander del nostre amic don Emilio Botín.

Quan Luis Ángel Rojo va deixar de ser el governador del BdE, on va anar? Premi! Luis Ángel Rojo va anar al Banco Santander, concretament al seu Consell d'Administració, i a la Corporació Financera Alba, del grup March.

Per entendre més coses, és molt recomanable passar-se per aquesta pàgina:

> *http://www.elconfidencial.com/multimedia/graficos/espana/2013-10-07/del-consejo-de-ministros-al-consejo-de-administracion_37061/?utm_source=www.elconfidencial.com&utm_medium=email&utm_campaign=Boletines+ElConfi*

Aleshores, el nostre jove de trenta anys que vol i no pot emancipar-se, com els centenars de milers de ciutadans que han perdut la feina, i alguns la casa i la salut, sabran que ells no són la màxima preocupació dels que arriben al poder.

I, com que no són la seva màxima preocupació, no els fa res que augmentin els «treballadors pobres», que són les persones que, treballant més de la meitat de l'any, guanyen menys del 60% de la renda nacional, és a dir, que són les persones que, malgrat tenir feina, no poden evitar una situació de pobresa.

A aquestes persones, el príncep Felip, que no té l'honor de ser un *working poor*, els diu que «l'Espanya desmoralitzada de la qual se'ns parla no és la vertadera» i que «el pessimisme és sempre infèrtil i paralitzant».

Té tota la raó, el «nostre» príncep de Girona. El nostre amic de trenta anys no s'ha de desanimar.

F.: *De fet, no sé si l'hauria de llegir, la teva carta. És francament pessimista.*

Doncs tinc més coses per a tu, amic de trenta anys. Mira, si en trenta anys no has trobat feina, no et preocupis, només has d'esperar com puguis cinc anys més i ja no en trobaràs mai. Perdona el meu cinisme, però et diu alguna cosa aquest anunci?: «Treball de dilluns a divendres. Bona presència, experiència en el tracte amb el públic i no tenir més de trenta-cinc anys.»

I, si vols, aquí en tens un altre: «Titulació de FP II o enginyeria tècnica. Experiència de tres anys i no tenir més de trenta-cinc anys.»

Saps que no et menteixo. Saps que n'has vist molts d'aquests anuncis a Internet. Saps que la majoria d'ofertes de treball són per a menors de trenta-cin anys. És increïble, però és així.

Segurament, podràs pensar que això és un desastre i que els mandataris haurien de fer l'impossible per aconseguir frenar aquesta salvatjada. I pots tenir temptacions de pensar en el model de societat que s'està construint i en coses semblants a la igualtat. Doncs bé, tens, tenim un president d'Espanya, company, que, quan era president de la Diputació Provincial de Pontevedra i no havia fet els trenta anys, li agradava escriure. Li agradava tant, que l'any 1983 va fer dos articles al *Faro de Vigo*, amb aquest titular: «Igualdad humana y modelos de sociedad.» L'avui president Rajoy va escriure: «*Uno de los tópicos más en boga en el momento actual, en que el modelo socialista ha sido votado mayoritariamente en nuestra patria, es el que predica la igualdad humana [...]. Luis Moure-Mariño ha publicado un excelente libro sobre la igualdad humana que, paradógicamente, lleva por título* La desigualdad humana *[...]. Creo que estamos ante uno de los libros más importantes que se han escrito en España en los últimos años.*»

Bé, qui és Luis Moire-Mariño? Mira, per no cansar el personal, l'autor d'aquest pamflet: *Perfil humano de Franco* (1938).

És a dir, company, que tens un president a qui ja saps que això de la igualtat humana no el preocupa.

Però és que, a més, el teu president, jove de trenta anys, ha mentit i menteix des del primer dia. Vols que et faci una llista de les seves mentides? Aquí la tenim.

Mariano Rajoy:

«No apujaré impostos, no.»

«No tocaré les pensions.»

«No tocaré la sanitat ni l'educació.»

«No introduiré el copagament en sanitat.»

«Lluitaré contra la corrupció.»

«Propiciarem el respecte i la independència de la justícia.»

«El PP no pretén abaratir l'acomiadament.»
«No abaixaré els sous als funcionaris.»

En casos com aquests, tots plegats hauríem de preguntar-nos per què permetem aquesta indignitat. Per què permetem que es pugui mentir d'aquesta manera des de les més altes institucions de l'Estat? Per què permetem aquest escarni constant i sistemàtic a la ciutadania?

Qualsevol que arribi al poder mentint, ja sigui per majoria absoluta o relativa, amb aclamació popular o sense, governa en frau. Sigui blau, roig, verd o lila.

Un país que no exigeix als seus governants que honorin la democràcia i els vots que han rebut és un país profundament malalt. És això, Espanya?

Quina autoritat moral pot tenir un governant que ha arribat al poder mentint?

Quina autoritat moral pot tenir a l'hora de demanar sacrificis i el respecte a les lleis?

Rajoy tindrà tota la legitimitat d'origen que es vulgui, però on és la seva legitimitat d'exercici?

Vivim una autèntica regressió: llei Wert, de seguretat, de l'avortament... El PP s'ha tret la careta. Ni centre, ni històries: dreta pura i dura. I com que vull ser prudent, no hi afegeixo un altre qualificatiu que tinc a la punta de la llengua.

Saps quants impostos ha apujat Rajoy, després de dir en campanya electoral i en seu parlamentària que no ho faria? Vinga, pensa! Aquí ho tens: gairebé quaranta!

Parlem del futur

El que cal, al meu entendre, és intentar mantenir i enfortir l'estructura de solidaritat d'una societat que es veu amenaçada per un context que, avui, li és molt hostil.

F.: *Si et sembla, reconduïm la conversa cap a un dels temes cabdals. Amb tota la dificultat que això comporta, m'agradaria que tornessis a parlar de futur, que fessis un dibuix de l'escenari, per exemple, de l'estat del benestar, del que en quedarà...*

J.B.: A veure si ho entenem o ho volem entendre: s'ha acabat. Això no és conjuntural. Sense un creixement espectacular, el retorn del crèdit, el palanquejament, la inversió massiva en I+D i el consum compulsiu amb VISA, s'ha acabat. Si més no, el que hem conegut fins ara.

Fixa-t'hi, entre el 2000 i el 2012, el PIB d'Espanya va augmentar en 410.000 milions d'euros, però el deute total va créixer en 2,4 bilions. Al juny del 2013, el deute total d'Espanya, públic i privat, era de 4,45 bilions d'euros, que equival a més del 400% del PIB. Per refrescar la memòria, el PIB és el valor de tots els béns i serveis produïts en una economia durant un període determinat de temps.

En l'hipotètic cas que es pagui tot el que es deu i poguéssim tornar a les condicions econòmiques que fessin possible la recuperació de drets socials, ja en parlaríem si els mateixos que han decidit que es perdessin voldrien que es recuperessin. Per exemple, creus que es farà una contrareforma laboral en què els acomiadaments tornaran a fer-se amb indemnitzacions de 45 dies per any treballat? O creus que es faran més reformes laborals en què en lloc de 20 dies, com ara, es passarà a 10?

Ja fa temps que se sap que s'ha acabat el bròquil en tots els sentits. El que passa és que no ho diuen, no ho volen dir o no s'ho volen creure, i nosaltres tampoc. No ho volem interioritzar.

Avui, el «benestar», «el progrés» del passat se'ns projecta contínuament ben endins del subconscient i no ens ajuda a veure que el futur serà ben diferent, com ja indica, perfectament, el present. I d'alguna manera és lògic que això sigui així. M'explico.

Mira, jo sóc de la generació del 1955, de l'Espanya del final de l'autarquia. Aquell any, Espanya va ser admesa a l'ONU i a l'Organització de Cooperació i Desenvolupament Econòmic, l'OCDE. El mateix any en què van morir Albert Einstein, Alexander Fleming, Thomas Mann i José Ortega y Gasset. L'any, també, en què van néixer Bill Gates i Mariano Rajoy. I quan es van estrenar *Al este del edén* i *Rebelde sin causa*, i es va obrir el primer local de menjar ràpid als afores de Chicago. Es deia McDonald's. Chuck Berry cantava *Johnny B. Goode* (rock & roll del somni americà) i The Platters, *Only You (And You Alone)*. Antonio Molina, el *Soy minero* i *Adiós a España*. I la primera vegada que es va transmetre per televisió a tots els Estats Units una conferència de premsa del seu president, Dwight D. Eisenhower, *Ike*.

El mateix Ike que el 1959 es va passejar amb cotxe descobert al costat de Franco pels carrers de Madrid. Els Estats Units beneïen així la dictadura del *Generalísimo* i el seu furibund anticomunisme, un Franco que fins aleshores només havia tingut el suport de l'Argentina peronista i el Portugal de Salazar, encara que els americans ja havien pactat amb el règim franquista el 1953: bases de Torrejón de Ardoz, Rota, Morón de la Frontera i Saragossa.

Va ser tan gran l'alegria de Franco per la visita de l'amic americà que el feia entrar *de facto* en la comunitat internacional, que, en el sopar de gala al palau d'Orient, va dir això: «*Nuestros países están alineados en el mismo frente de la paz y de la* libertad.»

Dwight Eisenhower va acabar el segon mandat de la seva presidència el 1961, l'any en què el va substituir John Fitzgerald Kennedy, JFK, que havia guanyat el segon dimarts del mes de novembre de 1960, Richard Nixon, el vicepresident amb Eisenhower.

Dos anys més tard, JFK, el 22 de novembre de 1963, moria assassinat al carrer Elm de Dallas, Texas, per Lee Harvey Oswald. Oswald, com se sap, va ser detingut unes hores després dels fets, però no va poder ser jutjat perquè, dos dies després del magnicidi, va ser assassinat per Jack Ruby quan el traslladaven a la presó.

Jo tenia una mica més de vuit anys. Recordaré sempre aquell 22 de novembre perquè a casa només feia una setmana que teníem televisor. Crec que era de la marca Inter. Ens l'havia regalat un cosí de la meva mare que vivia amb nosaltres.

F.: *Te'n vas molt enllà, no?*

J.B.: Sí, oi? Doncs ho faig per diversos motius, entre altres, per fer una comparació: per a la gent de la meva generació, l'assassinat de Kennedy, l'arribada de l'home a la Lluna (1969) i els anys seixanta, en general, són referències amb nom i cognoms, són fets gravats en la nostra memòria més profunda, com l'assassinat de Martin Luther King i la guerra del Vietnam o els Beatles. I ho són perquè, com diuen els neurocientífics, contenen emoció. Per tant, ens marquen, i ens serveixen com a punt de partida per començar la comparació i, així, poder veure, perfectament, que, des de llavors fins al 2010, l'avenç en tots els sentits que hi ha hagut a Espanya ha estat gegantí. Així de rotund. Sense pal·liatius.

Unes dades: l'Espanya del 1963 tenia 31 milions d'habitants, un PIB *per capita* de 171,5 euros i el 20% del seu PIB procedia del sector primari. L'Espanya d'avui té més de 46 milions, un PIB per habitant superior a 19.000 euros i el sector primari només representa el 2% del seu PIB.

L'any 1959, Espanya era un país endarrerit, molt endarrerit, sotmès a una dictadura. A partir d'aquell any, el 1959, i gràcies al Pla d'Estabilització i a l'amic americà, Espanya va créixer exponencialment. Tampoc no era tan difícil, ja que es venia de posicions molt endarrerides. Així és que, en gairebé quaranta anys, es va anar tancant l'immens *gap* que teníem amb els Estats Units i amb altres països, evidentment. És a dir, hi va haver un procés històric de convergència amb els països desenvolupats, per dir-ho amb altres paraules.

Si a tots els que hem viscut aquesta convergència històrica amb la primera potència mundial, aquest anar cap endavant, aquest pujar en l'ascensor del benestar —i si se'm permet fer una analogia— se'ns apliquessin les tècniques modernes d'electroencefalografia i de ressonància magnètica funcional per saber quines són les parts del cervell que més actives es mostren quan ho recordem, veuríem, com m'han explicat els neurocientífics Álvaro Pascual-Leone i Francisco J. Rubia, que és la regió prefrontal esquerra. Aquí, just darrere del front i a sobre de l'ull esquerre, és on es generarien les emocions positives. En canvi, les negatives es generarien a la regió prefrontal dreta. De la mateixa manera que, quan rius de veritat, se t'il·lumina la part esquerra i, quan t'entristeixes, ho fa la dreta.

Per no complicar-ho, i amb perdó dels especialistes, la regió prefrontal esquerra seria la del got mig ple, i la de la dreta, la del got mig buit. Així és que, quan et trobes amb persones que sempre veuen les coses del costat negatiu, pensa que els domina la dreta, i, al revés, a les altres, les que sempre, passi el que passi, veuen la part positiva, els domina la part prefrontal esquerra.

Nosaltres, els que hem viscut aquest procés de millora, hem anant complint anys amb la creença i la seguretat que res ni ningú no podria aturar la nostra ascensió cap a més benestar. És a dir, amb la regió prefrontal esquerra del nostra cervell ben activa, desenvolupada i motivada, convençuts que, tot el que ens han llegat les generacions que ens han precedit, els nostres pares, per exemple, seria superat pel que nosaltres deixaríem als nostres descendents. És com si ens haguessin extirpat la part prefrontal dreta, per dir-ho bruscament.

En el meu cas, per exemple, i com el meu n'hi ha centenars de milers, sóc fill de classe obrera catalana pura i dura. I, ara, de l'amenaçada i decreixent classe mitjana que es resisteix a passar del «got mig ple» que ens ha acompanyat durant més de mig segle al «got mig buit» actual. I no m'ho puc creure o no m'ho vull creure.

Has vist la pel·lícula *Matrix*? En un moment, quan Neo passa pel seu dolorós procés d'aprenentatge, Morfeo li diu: «No passa res. Tranquil. A la ment li costa desarrelar-se.» Costa abandonar aquella sensació de progrés que hem anat acumulant els de la meva generació. Espanya era, en aquells anys, els cinquanta, els seixanta, un país inhòspit que feia cantar així a Antonio Molina:

Tengo una copla, morena, echa de brisa, de brisa y de sol,
cruzando la mar serena, con ella te digo adiós.
Adiós mi España preciosa, la tierra donde nací,
bonita, alegre y graciosa como una rosa de abril.
Ay, ay, ay, voy a morirme de pena viviendo tan lejos de ti.

Cruzando la mar serena, con ella te digo adiós,
qué lejos te vas quedando España de mi querer.
A Dios le pido llorando que pronto te vuelva a ver,
como una rosa encendida perfuma mi corazón,
adiós mi España querida, pa' ti canto mi canción,
y al darte mi despedida, y es beso, y es oración.

Mi España tierra querida, pa' siempre adiós.

F.: *Una copla.*

J.B.: Sí, és el seu *Adiós a España*, que no era precisament una cançó independentista, si em permets la broma, sinó un cant amarg davant la realitat crua. I com va sortir aquella Espanya del 1959 de l'autarquia? El cínic Cristóbal Montoro ho sap molt bé; per això, el mes d'octubre de l'any passat va dir: «Espanya és el gran èxit econòmic del món.»

Què van fer els ideòlegs de la sortida de l'autarquia:

a) Abaixar preus i salaris per atreure la inversió estrangera i ser més competitius.
b) Entrada massiva de turistes. L'any passat se'n va batre el rècord.
c) Emigració d'espanyols a l'estranger i reducció de la població activa.
d) Exportació d'automòbils i béns d'equip.

Quina cançó tenen a l'ordinador els nostres joves, els nostres fills, avui, quan se'n van a l'estranger a buscar la feina que el seu país no els pot oferir?

Quin és el «miracle» d'Espanya avui?

Abans hem parlat d'allò que va dir Niño-Becerra en relació amb la població d'Espanya. És a dir, que «sobraven» cinc milions de persones. Bé, el 22 de novembre de l'any passat, l'Institut Nacional d'Estadística, l'INE, va publicar les seves últimes projeccions de població a curt termini, sèrie 2013-2023. Te'n dono alguns titulars:

- Espanya perdrà 2,6 milions d'habitants en els pròxims deu anys si es mantenen les tendències demogràfiques actuals.
- A partir del 2017, el nombre de defuncions superarà per primera vegada el nombre de naixements.
- La pèrdua de població es concentrarà en el tram d'edat entre 20 i 49 anys, que es reduirà en 4,7 milions en la propera dècada.

- El descens de natalitat provocarà que el 2023 hi hagi gairebé un milió menys de nens menors de 10 anys que en l'actualitat.
- Catalunya perdrà gairebé 800.000 habitants entre 2013-2023.
- Catalunya és la comunitat que més població perdrà durant la pròxima dècada.

Jo no sóc demògraf, però les últimes dades de l'INE són preocupants i crec que qualsevol persona pot adonar-se dels problemes que pot ocasionar l'envelliment de la població i l'afebliment del tram d'edat amb més potencial, com és el dels 20 als 49 anys.

És ben possible, com ja passa, que la casta d'alts funcionaris de l'Estat que avui governa ens vagin dient que es crea ocupació sense parlar-nos del descens de la població activa. Per això, la primera dada que jo miro quan es publica l'Enquesta de Població Activa, l'EPA, l'única que té en compte la Unió Europea, és si la població activa ha baixat o ha augmentat. I, després, miro l'ocupació.

Fins ara, encara que no hi havia unanimitat entre els especialistes, es considerava que Espanya només creava ocupació neta si el PIB creixia el 2%.

En aquests moments, amb el descens de població activa, la reforma laboral i el treball temporal i precari, es considera que si es creix un 1% ja es pot crear ocupació neta. De fet, el mateix ministre d'Economia, Luis de Guindos, va dir aquest mes de gener que aquest 2014 ja es crearia ocupació neta.

Quan se'n creï, d'ocupació neta, els altaveus governamentals i totes les seves franquícies ens ho repetiran les vint-i-quatre hores del dia. Serà esgotador. Però el que no ens diran és la qualitat de l'ocupació creada i si Espanya té un pla de creixement sostenible, allunyat de bombolles, que pugui oferir benestar als seus ciutadans i competir en el món globalitzat actual.

Perquè, quin és el pla d'Espanya a llarg termini en aquest món on 1.300 milions de xinesos i uns centenars de milions més d'indis s'han incorporat a l'economia mundial, en un món que canvia a una velocitat brutal?

Fixa't què tenim al davant. Segons la revista francesa *Alternatives Economiques*, l'empresa de confecció sueca H&M, que tenia localitzada la seva producció a l'Àsia per disminuir costos salarials, en traslladarà el 80% a Etiòpia. Als responsables de H&M els semblaven excessius els 300 euros mensuals que pagaven a treballadors xinesos. A Etiòpia, només n'hauran de pagar 45. Bangladesh hauria pogut ser l'alternativa, però és massa car també. Allà n'haurien de pagar 50.

Torno a preguntar-ho: quin pla té Espanya més enllà de pagar deutes i de promoure l'austericidi i l'emigracidi?

Una empresa mitjana europea inverteix uns 318 euros en I+D per habitant. A Espanya, només 160 euros. On creus que es pot anar així?

Segons l'Observatori de les Activitats Basades en el Coneixement (ABACO), el PIB generat a Espanya a partir del coneixement és del 27,7%. En canvi, a França, el 38%; a Alemanya, el 38,3%; a Itàlia, el 43,4%; i als Estats Units, el 59,5%.

Hi torno: quin pla de futur té Espanya?

No en té. I això és de jutjat de guàrdia. No en té.

I encara hi ha una cosa pitjor: que no hem interioritzat —ho torno a repetir— la gravetat de la situació, entre altres coses, perquè la «palmeria» no hi ajuda.

Al final dels noranta, el model que ens va fer sortir de l'autarquia s'havia esgotat, i, en lloc de trobar un model de creixement sostenible, es va apostar pel totxo, per la bombolla immobiliària. Els socialistes, quan van arribar al poder per sorpresa el 2004, la podien haver punxada, però no ho van fer.

Els socialistes, és a dir, el PSOE, van seguir les línies mestres traçades per l'emperador Aznar a pesar de veure diversos llums d'alarma encesos.

El mateix FMI, l'any 2008, repeteixo, l'any 2008, quan aquí Zapatero, Solbes i tota la colla que viuen de la mentida prohibien als mitjans que s'utilitzés la paraula «crisi», l'FMI, com deia, en el seu informe d'abril, ja parlava de greus dificultats. I uns altres, de fallida sistèmica del sistema financer i/o de crisi sistèmica. S'entén, de veritat, què vol dir sistèmic i les seves implicacions?

Aquí el tens, l'informe:

http://www.imf.org/external/pubs/ft/survey/spa/2008/043008s.pdf

Com és possible que Pedro Solbes no donés importància al fet que els bancs centrals, de manera coordinada, haguessin hagut d'intervenir per proporcionar liquiditat al sistema l'any 2007?

http://www.imf.org/external/spanish/pubs/ft/weo/2008/01/pdf/sums.pdf

F.: *És aclaparador, Jaume.*

J.B.: Vivim en un profund desconcert a causa de la Gran Recessió, una crisi que soscava drets. I això, si és que el cinisme, la ceguesa premeditada o la ideologia de la desigualtat no impregna el nostre judici, ja és un fet. I, com que és un fet més que constatable, el que cal fer ara és no perdre el temps en si hem o no hem sortit de la crisi, en si creixerem aquest o aquell altre percentatge. El que cal, segons el meu entendre, és intentar mantenir i enfortir l'estructura de solidaritat d'una societat que es veu amenaçada per un context que, avui, li és molt hostil. I aquesta hauria de ser la màxima preocupació de la classe política amb consciència social: què s'ha de fer, quins canvis s'han de fer en el model productiu, en el sistema educatiu, en el sistema polític, en les relacions de poder, etc., per garantir la igualtat i l'equitat.

Si els que ens governen, amb excepcions, fossin autèntics servidors públics al servei de la ciutadania i no al servei de l'oligarquia financera, econòmica i funcionarial, el 2007 ja haurien començat a fer el que he dit. Però no ho van fer, com tampoc no ho faran ara. Ells fan partit, que no és el mateix que fer país. I el seu partit és mantenir-se en el poder o, si més no, assegurar-ne l'alternança sense canviar per res del món mundial les relacions de poder. I tot això ho han fet i ho fan amb el nostre vot. Així és que potser el que ens convé és començar a madurar, perquè, entre altres coses, la societat que s'està conformant és més enriquiment per als més rics i més pobresa i dificultats per a la majoria.

A Espanya, per si algú encara ho dubta, i segons l'Institut d'Estudis Econòmics, el risc d'exclusió i de pobresa és del 28,2%, cinc punts més des de l'inici de la crisi, el país membre de la UE on més ha crescut. Això significa, en xifres absolutes, més de 13 milions de persones.

Creure que es recuperarà el que s'ha perdut és d'il·lusos, de veritat. Creure que jo recuperaré el 20% que m'han retallat del meu sou no és només d'il·lusos, és que és d'idiotes, directament.

Però deixem que ens ho digui el rei Guillem Alexandre dels Països Baixos, que, el 17 de setembre, va tenir la valentia, en nom del Govern de centreesquerra, d'oficialitzar la mort de l'estat del benestar, i no oblidem que Holanda és emblemàtica en aquest tema:

«L'estat del benestar clàssic desapareixerà.» Serà substituït per una societat «en què tots els que tinguin capacitat per fer-ho hauran d'assumir les seves responsabilitats per a la seva vida i la del seu entorn». El rei va dir que l'estat del benestar no es podia mantenir no tan sols per qüestions/dificultats financeres, sinó també perquè la gent vol prendre les seves pròpies decisions. «Demanem a cadascú que assumeixi les seves responsabilitats. Canviarem de l'estat del benestar a la societat participativa.»

Quan sents aquestes coses, és a dir, quan veus que es vol eliminar el model europeu de «benestar» o, si vols, com deia el sociòleg Daniel Bell, la desaparició de «la llar pública» europea, la primera cosa que et ve al cap és: «Si diuen que l'Estat no pot garantir el benestar, doncs, per què no fem desaparèixer l'Estat i tot el que costa?»

Sí, això és el primer que et surt, però, sincerament, crec que és un error. És a dir, és, en realitat, el que volen i busquen els que imposen aquestes polítiques. I em ve al cap allò de Ronald Reagan: «Menys govern és millor que més govern.» O, si vols, aquesta altra: «Les deu paraules més aterridores de la llengua anglesa són: hola, sóc del govern, i sóc aquí per ajudar.»

La crisi d'avui és aprofitada pels que sempre han buscat el màxim benefici en detriment del benestar de la majoria. La seva diana és tot allò públic, que consideren innecessari. Fins i tot el papa Francesc els ha desemmascarat: «L'economia de l'exclusió mata. No a una economia de l'exclusió i de la iniquitat.»

L'estat del benestar ens ha proporcionat cohesió i ha disminuït desigualtats, ens ha fet més humans, ens ha tret animalitat i ens ha allunyat de les pulsions consubstancials als depredadors, que és el que promou l'ultraliberalisme i/o neoliberalisme: el darwinisme social. L'individualisme a ultrança és això: animalitat pura i dura, la llei de la selva.

Sí, hem fet d'Europa, amb els nostres impostos, una «llar de benestar» on poder viure amb dignitat. I això és el que està en joc.

Que hi ha ineficiències i irregularitats? És cert.

Que n'hi ha que se n'aprofiten i viuen sempre de la subvenció? És cert, n'hi ha, de la mateixa manera que hi ha sapastres a tot arreu.

Que aquesta xarxa que proporciona el «papa Estat» et fa ser menys responsable, menys auster i menys partidari de l'esforç i del sacrifici? Absolutament fals.

Bé, podem estar hores i hores dient un munt de coses. Però la qüestió és: què es pot fer avui, en aquesta societat postindustrial, de la comunicació i de la tecnologia, per conservar el que ens ha fet com som?

Què es pot fer per evitar que els països esdevinguin societats anònimes i/o grans corporacions?

Què es pot fer per evitar perdre aquesta «llar pública»?

Quanta cohesió social estem disposats a pagar en un context de ferotge competitivitat global?

No volen adonar-se que la pèrdua de la cohesió social ens portarà cap a la recerca de «solucions» fortes?

No volen adonar-se que el camí cap a la desigualtat i la pobresa de cada vegada més i més conciutadans el que provocarà és un trencament social de conseqüències avui difícils de predir?

Per què hem de permetre que «l'optimització de beneficis i donar el màxim valor a l'accionista» signifiqui la condemna de desenes de milers de persones a la misèria o a la pobresa tot i treballar? Per què?

Es pensen, els que viuen de la política, que podran continuar operant, vivint i legislant sense tenir en compte la realitat fora dels parlaments i de les seus dels partits?

Es pensen que moviments populars com el 15M, Occupy Wall Street, les PAH, l'ANC, etc., no deixaran cap llavor de canvi?

Ho vulguin o no ho vulguin, ens agradi o no ens agradi, la indignació pacífica de les classes populars forçarà un canvi en la partitocràcia. Nous partits, nous líders, noves formes organitzatives i participatives.

Per exemple, per què acceptem que a Espanya la monocràcia sigui la que ens governa, és a dir, acceptem que hi hagi presidents-funcionaris, ministres-funcionaris, alts càrrecs-funcionaris, assessors-funcionaris, consultors-funcionaris?

Què s'hi juga aquesta gent? Res. Quan deixin el càrrec, tornaran a la seva plaça a les administracions.

On va anar la *liberal* Esperanza Aguirre quan va deixar la presidència de la Comunitat de Madrid?

Per què acceptem que l'Administració pública no sigui independent?

I així podríem continuar durant molta estona més, però crec que ja n'hi ha prou per veure que la crisi és sistèmica i el canvi també ho serà.

I perquè no se'm digui que només argumento dades «negatives», ara et dono les de l'informe de PriceWaterhouseCoopers (PwC) que es va difondre el mes de desembre de l'any passat amb el títol «L'economia espanyola el 2033». I t'ho faig amb titulars:

1. Espanya trigarà vint anys a tornar al creixement i al nivell d'ocupació previs a la crisi.
2. L'atur no baixarà del 10% fins al 2024.
3. El 2033, el PIB *per capita* superarà els 33.000 euros.
4. La UE haurà perdut una quarta part del seu pes econòmic a favor de la Xina.
5. La Xina serà la primera potència mundial el 2020.

Evidentment, l'augment del PIB *per capita* s'aconseguiria perdent població.

Torno a citar Niño-Becerra:

«L'envelliment de la població: es diu que és una qüestió demogràfica, jo penso que és exclusivament econòmica. [...]Alguna cosa compensarà l'envelliment: penso que l'esperança de vida disminuirà en anar declinant el model de protecció social i ser cada vegada menys capaces les rendes mitjanes de, malgrat la publicitat, pagar-se una sanitat privada —com a exemple, el que va succeir a l'antiga URSS.

[...]

»En relació amb el fons de reserva de les pensions... ja coneixen el seu estat: 5.000 milions disposats per satisfer la paga de Nadal. 23.631 milions s'han agafat del fons el 2012 i el 2013; ara en queden 53.744. A aquest ritme, en quatre anys no quedarà gens clar. L'atur: des del començament de la crisi, l'afiliació a la Seguretat Social ha baixat un 16%. A tot això afegeixin la caiguda del poder adquisitiu de les pensions.

[...]

»El futur? Possiblement una massa de persones grans menor del que ara es creu, la majoria pobra i desatesa, dependent dels seus descendents, que tindran els seus propis problemes; havent de disposar, la majoria, d'una pensió de subsistència, i treballant, qui pugui mentre pugui i mentre li ho permetin.

»Això succeeix a tot arreu, però en països grans amb molta població i pobres com Espanya és més evident.» (*L'econòmic. El Punt-Avui*)

F.: *Costa de creure aquest concepte: «L'esperança de vida disminuirà». És un retrocés impressionant.*

J.B.: Sí, Josep Maria, costa de creure i esperem que no sigui així.

Més retrocessos.

Segons el Centre d'Investigacions Econòmiques i Empresarials (CEBR), de Londres, que publica cada any la «Lliga econòmica mundial», Espanya caurà, des d'ara fins al 2018, tres llocs en la taula de les economies més importants del món, és a dir, passarà del 13è lloc que ocupa ara al 16è. I, del 2018 al 2028, en caurà dos més, de llocs, i passarà a ser la 18a economia més important del món. És a dir, que en quinze anys, Espanya retrocedirà cinc llocs. La passaran Mèxic, Turquia, Corea del Sud, Taiwan i Indonèsia.

Aquesta és la classificació segons el PIB en miliards de dòlars:

2013			2028		
Lloc	País	GDP	Lloc	País	GDP
1	EUA	16.724	1	Xina	33.513
2	Xina	8.939	2	EUA	32.241
3	Japó	5.007	3	Índia	5.007
4	Alemanya	3.593	4	Japó	6.415
5	França	2.739	5	Brasil	5.143
6	Gran Bretanya	2.649	6	Alemanya	4.398
7	Brasil	2.190	7	Gran Bretanya	4.305
8	Rússia	2.118	8	Rússia	4.125
9	Itàlia	2.070	9	Mèxic	3.697
10	Canadà	1.825	10	Canadà	3.677
11	Índia	1.758	11	Corea	3.490
12	Austràlia	1.488	12	Turquia	3.461
13	Espanya	1.356	13	França	3.265
14	Mèxic	1.327	14	Austràlia	3.095
15	Corea	1.198	15	Itàlia	2.930
16	Indonèsia	867	16	Indonèsia	2.919
17	Turquia	822	17	Taiwan	1.380
18	P. Baixos	801	18	Espanya	1.377
19	Aràbia S.	718	19	Aràbia S.	1.303
20	Suïssa	646	20	Polònia	1.155
21	Suècia	552	21	Tailàndia	1.097
22	Noruega	516	22	Egipte	1.069
23	Polònia	514	23	Suïssa	1.005
24	Bèlgica	507	24	Hong Kong	942
25	Taiwan	485	25	Nigèria	927
26	Argentina	485	26	Suècia	927
27	Àustria	418	27	Iraq	912
28	Tailàndia	401	28	Filipines	904
29	Emirats	390	29	Argentina	893
30	Iran	389	30	Països Baixos	888

Si els analistes del CEBR tenen raó, Espanya només augmentaria el seu PIB nominal en un 1,548% en quinze anys, mentre que la Xina ho faria en un brutal 274,907%, els Estats Units en un 92,782%, la Gran Bretanya, un 62,514%, Alemanya, un 22,404%, Itàlia, un 41,545%, i França, un 19,204%. Què hem de fer?

Ja se sap que totes aquestes previsions es poden o no es poden complir, però jo, quan les veig, em quedo amb la tendència, sobretot si són diferents els gabinets econòmics que, més o menys, coincideixen en les seves anàlisis.

F.: *Ho havíem dit. Mesurar, observar les tendències. Cap a on anem...*

J.B.: Doncs bé, pràcticament són majoria els economistes —i em refereixo als que no tenen la paraula llogada— que coincideixen a dir que aquest 2014, si no canvia radicalment la política europea imposada per Merkel, acabarà amb més pobresa, amb més desigualtats, amb més deute i amb menys població i menys crèdit.

Per què tolerem tot això? Per què acceptem empobrir-nos? Per què permetem que aquesta elit depredadora espanyola tan denunciada en aquest llibre i en molts altres continuï castigant tots els ciutadans que vivim a Espanya? Per què?

Als que vivim a la Península no ens ha castigat cap divinitat. No som ni més guapos, ni més llestos, ni menys treballadors que els que no hi viuen. Les potencialitats d'Espanya són enormes. Només cal voler-les veure i dedicar tots els recursos que es generen per impulsar-les. Però l'elit que ocupa l'Estat des de fa segles ho impedeix, de la mateixa manera que va frenar la Revolució Industrial i tot allò que ha significat «modernitat i progrés» al llarg dels segles. De la mateixa manera que ara tenim la llei de l'avortament que ens treu d'Occident, per no parlar d'economia. De la mateixa manera que aquesta elit condemna la diversitat.

Dit això, tant de bo que Espanya torni al creixement sostingut i s'allunyi de les bombolles. Tant de bo!

Tant de bo que els joves no hagin de marxar a l'estranger.

Tant de bo que aquesta llarga crisi acabi aquest any.

Tant de bo que es recuperi tot el que s'ha perdut.

Tant de bo que la desigualtat, en lloc d'augmentar, disminueixi.

Tant de bo que l'atur se situï per sota dels dos dígits.

Tant de bo que els nous salaris et permetin viure dignament.

Tant de bo que les pensions augmentin.

Tant de bo que el «model europeu» s'imposi a la globalització.

Tant de bo que...

Bé, i ara, que cadascú faci les seves previsions. I que sigui el que vulguem. Sí, ho has llegit bé: «el que vulguem». Ells fan, però nosaltres ho permetem, per això dic «el que vulguem».

El discurs de Jaume Barberà no distingeix, a la pràctica, entre el vessant social i econòmic o el nacional, el que afecta la plena sobirania del país. Per a ell, el procés d'independència no és un desig egoista, sinó fins i tot un afany altruista, una proposta que ha de ser regeneradora de la vida pública. Si no, no valdria la pena posar-s'hi. Fins i tot regeneradora de la realitat espanyola.

Barberà analitza el procés amb rigor, cada vegada amb més dades. Em fa aixecar de la cadira, a l'espai on conversem, per fer-me veure dades, per informar-me d'una pàgina web, per indicar-me un detall que convé observar amb deteniment. A més, entronca la voluntat sobiranista tant amb la història com amb l'evidència actual que la independència ha de ser una eina, un instrument de revitalització.

Pot tenir l'aparença de qui reté la veritat, de qui està molt segur dels seus plantejaments, però, en canvi, escolta molt. Està disposat sempre a sumar a la seva base de dades totes aquelles aportacions que no necessàriament reafirmen la tesi, sinó que fins i tot la contradiuen.

Ell mateix reconeix les seves pròpies contradiccions. En la pregunta del referèndum, per exemple. I és aquí on pren cos l'essència del seu discurs. País i no partit. Amb convicció, amb entusiasme, però també amb seny.

Cap a la independència

Per a la majoria de les persones que avui ens agafem les mans a les carreteres, la independència no és un fi en ella mateixa, sinó un instrument per construir, per ser.

F.: *Jaume, tu t'has posicionat obertament i públicament a favor de la independència. Creus, de veritat, i després de tot el que has dit, que amb una Catalunya independent es pot aconseguir salvaguardar els principis bàsics d'aquesta «llar pública» que esmentes i, al mateix temps, permetre'ns accedir amb més seguretat als canvis que ens imposa la globalització i la revolució tecnològica?*

J.B.: Sí, rotundament SÍ, amb majúscules. I t'ho diu una persona que no és, ni ha estat, ni se sent romàntica, ni antiespanyola, i que considera que el castellà també és la seva llengua.

T'ho diu una persona que considera que els territoris petits, amb força xarxa local, amb arrels, són més aptes i capaços de sobreviure amb qualitat a les amenaces de la globalització o, si vols, al fet que Occident està deixant de ser hegemònic i tot el que això significa, com s'ha pogut veure en la classificació de països amb més PIB del món en les pàgines anteriors.

I t'ho diu una persona que, malgrat tots els insults rebuts des de la caverna i assimilats, continua creient que la independència de Catalunya és l'acte més revolucionari que es pot fer a favor d'Espanya, com ja vaig dir en *S'ha acabat el bròquil.*

Per a la majoria de les persones que avui ens agafem les mans a les carreteres, la independència no és un fi en ella mateixa, sinó un instrument per construir, per ser. No prové, no brolla, de l'odi, de la raça, ni de la religió.

Som persones que no ens fem preguntes esotèriques en aquelarres permanents a Montserrat, sinó que ens plantegem, des de la més absoluta transversalitat, qüestions tan senzilles i tan importants alhora com aquestes:

1. Com volem viure
2. Quina economia volem
3. Quina democràcia volem

Si, després d'haver parlat amb milers de persones, d'haver visitat el munt de pobles on he anat en un any, hagués vist que la independència era només una pulsió metafísica i adolescent, et diria que no, que la independència és la versió 2.0 de la nova «Puta i Ramoneta» del segle XXI, i a mi no m'hi veuries. És a dir, faria costat a tots els que s'hi oposen amb llibertat i amb democràcia, ja sigui la tercera via i/o el federalisme. I si hi hagués vist una pulsió antipoble espanyol, encara m'hi veuries menys.

Amb tot, de somiatruites, n'hi ha a totes les cases. N'hi ha que pensen que Catalunya és avui com països semblants al nostre, no ho sé, posem Dinamarca o Àustria, per exemple. I la il·lusió o la fantasia són tan desproporcionades que pensen que, amb l'estelada onejant al Palau de la Generalitat i a les institucions públiques catalanes, a Catalunya es passaria del gairebé 25% d'atur al dels danesos, un 7%, o al dels austríacs, un 5%, l'endemà de cantar *Els segadors*.

F.: *Convé, ens convé, aquest tocar de peus a terra. No veure la independència com una panacea, com un mannà que baixarà del cel, sinó com una necessitat que comporta més feina i responsabilitat. No trobes?*

J.B.: Aquí no hi haurà cap miracle, ni amb *Els segadors*, ni amb *La Santa Espina*, ni amb la Moreneta al nostre costat.

Per molt que ens faci mal, Catalunya està molt lluny de ser com Noruega, Dinamarca, Finlàndia, Àustria i Suïssa. I això vol dir que la feina que tindrem al davant serà ingent, descomunal.

D'entrada, hi haurà d'haver una revolució gegantina en valors que eduqui més en el «compartir» que no pas en el «tenir». Que faci entendre que no hi ha «premi» sense esforç i sacrifici. I, també, que faci saber que vivim en comunitat per ajudar-nos, per créixer humanament i per respectar, potenciar i gestionar adequadament la nostra «llar pública». I tot això serà, sí, serà, si ho volem, si volem ser subjectes i amos del nostre destí. Per això sóc partidari de l'*apoderament* de la ciutadania.

L'apoderament busca que la classe política perdi protagonisme a favor del ciutadà. Busca que et sentis partícip, que t'impliquis, que decideixis, que votis tot allò que t'afecta, ja sigui al barri, a la ciutat i al país. Jo vull decidir. No una vegada cada quatre anys, sinó cada dia, si convé: sobre sanitat, ensenyament, fiscalitat...

Avui ho podem fer. Hi ha la tecnologia necessària per poder-ho fer. Només cal tenir connexió a internet.

Oi que diuen que anem cap a una «societat participativa»? Doncs, anem-hi amb totes les conseqüències. I entenguem, sisplau, que si ha passat el que ha passat i som on som és perquè vam pensar que les institucions serien ocupades per angelets, uns angelets sempre preocupats per l'interès general. I, refiats dels angelets, ens vam desimplicar, és a dir, vam, de fet, delegar el nostre vot. I això, justament, és el que cal recuperar: el vot. I ara diràs: «El vot? Si ja el tenim!» Molt bé, el tenies quan van modificar la Constitució? El tenies quan van decidir modificar la Llei de trànsit, la Llei de successions...

Si hem de crear un nou Estat, «apoderem» la ciutadania i aconseguim tenir una Administració independent amb funcionaris independents als quals no se'ls permeti passar a la política, com a la Gran Bretanya. Vols que et recordi ara quants funcionaris hi ha al Govern espanyol? Hi ha catorze membres. Onze funcionaris, nou dels quals alts funcionaris. No n'estic segur, però crec que és l'únic cas a la Unió Europea.

Ho sento, jo ja n'he tingut prou, d'aquest color. No vull pujar en trens d'alta velocitat que la fatxenderia espanyola, amb les corresponents franquícies territorials, ha construït en detriment d'altres infraestructures que són més que necessàries per al desenvolupament econòmic. Vols que parlem de Rodalies?

No vull que la casta oligàrquica espanyola —és la que fa segles que mana—, amb el seu exèrcit de funcionaris i les corresponents delegacions territorials, decideixi el meu benestar, és a dir, em condemni a no poder tenir un lloc digne en la societat global on ja som. Fixa't, sisplau, que no dic espanyols, entre altres coses, perquè també en són víctimes, com nosaltres. Vull votar, ara, i cada dia.

F.: *Una de les coses que has dit i repeteixes és que la independència es planteja també, s'hauria de plantejar, com una oportunitat de regeneració per a Espanya, per als ciutadans espanyols. Seria bo que es veiés així. És una visió revolucionària, en el sentit que exclou el suposat «odi» i reivindica un pas que és genuïnament democràtic.*

J.B.: Ho dic i ho mantinc, perquè la independència necessita que vagi acompanyada d'aquesta regeneració. Voler la independència és avui un acte de supervivència, és regeneració democràtica, és el reconeixement d'un fracàs i la il·lusió d'un futur que volem nostre.

No vull que la classe dirigent espanyola i els seus assimilats d'aquí i de més enllà em condemnin a ser suburbi del desenvolupament o, si vols, del futur.

No vull que l'oligarquia catalana, que viu molt bé de la dependència, condemni a l'empobriment els ciutadans que vivim a Catalunya, ja et sentis català, espanyol o camerunès.

No vull tenir més mandataris que em menteixen dia i nit.

Vull decidir poder fer fora un mandatari, ja sigui el president, el conseller, l'alcalde o el regidor abans que s'acabi el seu mandat perquè considero que és un inepte, un corrupte o un farsant.

No vull tenir més mandataris que s'agenollin davant dels «mercats» o del casino financer sense consultar-m'ho.

No vull tenir més classe política que entén que la política és no escoltar el poble.

Vull recuperar la política, la política per damunt de l'economia.

Vull decidir. I no una vegada, sinó cada setmana, cada dia: sempre.

Vull decidir si es fa o no es fa un canvi a la Constitució.

Vull decidir poder votar el que jo vulgui i no el que ells em diguin.

Vull decidir quants anys pot estar una persona en un càrrec públic.

Vull decidir que la justícia sigui independent.

Vull decidir tenir un banc públic.

Vull decidir poder tenir una renda bàsica universal.

Vull decidir que, ja que des de la caiguda del Mur de Berlín i la globalització, l'economia és la que mana, torni a ser la política, una nova política, la que s'imposi als mercats.

Vull decidir com es redistribueix la riquesa al meu país.

Vull decidir que, quan es guanyin les eleccions, es guanyi el poder.

Vull decidir que...

F.: *No som els millors, però tenim l'oportunitat de ser diferents, de ser nous, de ser presents d'una altra manera en el concert internacional.*

J.B.: És el que et deia quan et parlava d'*apoderament*: tenim l'oportunitat d'aportar innovació i creativitat. Amb tot, sovint es fa un cert discurs des de Catalunya que ens presenta com els més llestos de la classe. Sembla que aquí tot es fa bé i els gossos es lliguen amb llonganisses. Quan aquest discurs es relaciona amb el que es fa a Espanya, a mi em treu de polleguera, perquè, primer, com ja he dit, jo no sóc antiespanyol, i, segon, perquè és fals. Abans he dit això de la fatxenderia de l'AVE. Fantàstic. Jo, el primer, els critico ferotgement. Però què passa si dic que la bestiesa de l'AVE té a Catalunya una obra potser encara pitjor? Doncs, sí. Saps com es diu? És la L9, sí, la línia 9 del metro de Barcelona, que, una vegada acabada —espero que no sigui com la Sagrada Família—, podria arribar a consumir més del 8% del PIB de Catalunya. Brutal, no? Això sí, de la mateixa manera que els espanyols que en viuen i els que no s'assabenten de res treuen pit quan parlen que Espanya és el primer país del món en quilòmetres d'alta velocitat *per capita*, aquí n'hi ha que et diuen que la tenim més llarga, la línia soterrada més llarga del món, vull dir.

En moltes, moltes coses, Catalunya no és diferent ni millor que Espanya. Te'n dic una? En corrupció, per exemple. I això ha de canviar. Sí o sí.

F.: *Has contestat la pregunta formulada en el referèndum. Què en penses, per cert?*

J.B.: Sí, l'he contestada. Aquí la tens, la pregunta:

Vol que Catalunya esdevingui un Estat?
Sí No

En cas de resposta afirmativa, vol que aquest Estat sigui independent?
Sí No

Aquesta pregunta és un nyap. No és la meva pregunta, la que jo hauria volgut.

La meva és:

Vol que Catalunya esdevingui un Estat independent?

No em canso de fer crides a la unitat, al mínim comú denominador, a sumar més que a restar, accepto i defenso la pregunta que van pactar i elaborar gairebé les dues terceres parts del Parlament del meu país. Pel que significa d'unió i de pluralitat de les forces que la fan: des d'antiavortistes a antisistema, per dir-ho matusserament.

Mira, com jo, centenars de milers de persones som aquí perquè creiem que viure en una societat d'alta qualitat democràtica és possible i, a més, és necessari. Sí, centenars de milers de persones ens hem preguntat què i fins quan estem disposats a tolerar el que passa, i hem arribat a la mateixa conclusió: prou!

Centenars de milers de persones hem pres consciència de la negativa per part del nacionalisme espanyol de repensar-nos des del respecte a la diversitat.

La promoció i la defensa de la diversitat, per al nacionalisme espanyol, és subversió, és qüestionar el seu model uninacional i excloent: és el «nosaltres» que volen identitari.

No pot ser com ha degenerat tot. No pot ser que ens conformem a entomar passivament tot el que ens fan en el pla social i en el nacional.

Només els fanàtics, els que viuen de l'*statu quo* i de l'*establishment*, no s'adonen que la consulta, el referèndum, l'impulsa un ampli moviment ciutadà de base, el que abans anomenàvem «moviment de masses». L'impulsa un «nosaltres» mestís i divers, un «nosaltres» que comparteix patiment, sacrificis, somnis, il·lusions i esperances. És aquest moviment el que lidera el procés, i els polítics han d'optar: afegir-s'hi, anar-hi en contra o trair-lo.

Els que defensen «Espanya per la gràcia de Déu» no entenen, no poden entendre, com és possible que Garcies, López, Ramírez i Fernández formin part del moviment. Aquesta és precisament la nostra força. Per això atempten tantes vegades com poden contra la convivència quan apel·len a ruptures familiars. És el que busquen, que es trenqui la convivència.

F.: *Tot això que dius està molt bé. De fet, crec que n'hi hauria pocs que no t'ho compressin, però la realitat pot ben bé ser una altra. I tu ho saps. Saps que molta gent és reticent, per no dir hostil, a tot el procés, perquè creu, diu i denuncia, que tot plegat és una cortina de fum dels de sempre per tapar el darwinisme social, les retallades i les seves polítiques neoliberals...*

J.B.: Has quedat descansat, no? Vols que et respongui amb sinceritat? Doncs: collonades. Les collonades que diuen tots els que no volen que votem i els que, quan votem, votaran «no». I que consti que hi ha conciutadans que votaran «no» des de la més absoluta nitidesa argumental. Però jo no em refereixo a aquests últims, sinó als de l'*agitprop* espanyolista i negacionista.

Les estupideses que diuen són de l'alçada d'un campanar —i perdona que utilitzi aquest llenguatge, però és que no hi ha res més precís per definir-ho.

En tota la conversa que tenim, Josep Maria, he parlat ben poc, per no dir gens, del dèficit fiscal, ni de l'anomenat «espoli», ni de «l'Espanya ens roba». Per cert, que algú m'expliqui com et pot robar algú amb qui tu hi has estat d'acord? O és que CiU i el tripartit no van firmar les diferents lleis de finançament autonòmic? Una altra cosa és el grau de compliment dels acords. No, no he parlat de tot el que t'acabo de dir perquè no cal. Qualsevol economista et podrà explicar que l'excés continuat de dèficit fiscal que no respecti l'ordinalitat és el que passava a les colònies. I això és el que passa a Catalunya. És un fet. Amb tot, encara n'hi ha que ho neguen.

Si vols que et digui la veritat, estic decebut per la poca qualitat argumental i intel·lectual de tots els que s'oposen a la independència de Catalunya. I no et dic res de quan parlen del nacionalisme dels altres. Què és la bandera espanyola de 24 metres quadrats, amb un màstil de 50 metres per suportar els 35 quilos de pes, que hi ha a la plaça Colón de Madrid? Un homenatge a Walt Disney?

Podríem comptar amb els dits els «intel·lectuals» espanyols que no s'hagin limitat a ridiculitzar i/o insultar amb literatura rància, tronada i llefiscosa la voluntat majoritària del poble de Catalunya. Amb tot, hi ha excepcions. Per exemple, Ramón Cotarelo, o el filòsof andalús José Antonio Pérez Tapias, del qual manllevo el text següent:

«*Es verdad que el derecho a decidir, jurídicamente, es una figura nueva, no tiene precedentes. Ello no quiere decir que no sea aplicable, que no se puedan instrumentar procedimientos adecuados para darle salida. En un momento donde hay un déficit de legitimación —que se percibe con más fuerza en determinadas CCAA, como es el caso de Cataluña—, desde una lógica democrática no hay argumentos fuertes para decir que no si la ciudadanía toma la palabra.*

»*Otra cuestión es el cómo y el cuándo. Pero no hay problema en que se ejercite este derecho a decidir como derecho de una ciudadanía, en su concepto republicano, que es activa y que participa. Además, yo creo que hay que dejar de verlo de manera precipitada, asimilado al derecho de autodeterminación. No tiene por qué, máxime cuando es una figura nueva.*

[...]

»Entre las cuestiones irresueltas destaca la "cuestión de las naciones" existentes en la realidad política de España, la cual todavía espera un encauzamiento adecuado, aun contando con los buenos frutos del Estado autonómico en cuanto a descentralización política. Lo que quedó sin solución en el indefinido modelo de Estado de la Constitución de 1978 es lo que debe ser recogido a través de un nuevo pacto constitucional, netamente federal, que dé paso a un Estado plurinacional. El carácter inclusivo de este ha de responder a una dinámica de efectivo reconocimiento político de diferentes naciones con voluntad de compartir un proyecto común. Hay inocultables indicios de que para ese pacto es necesario pasar por procesos en los que la ciudadanía de ciertas comunidades, como es el caso de Cataluña, explicite su voluntad colectiva en consulta convocada a tal efecto, de manera tal, que, conocida esta, se proceda a la reforma constitucional de calado que a la postre haya de ser refrendada por toda la sociedad española. De esa manera, la alternativa federalista que se proponga para el Estado español, atendiendo a la necesidad insoslayable de configurarlo como plurinacional, irá acompañada de la suficiente credibilidad como para que en el futuro, de salir adelante, no se cuestione su legitimidad.»

Perdona la citació tan llarga, però convé que la coneguis, perquè aporta arguments i perquè planteja una pregunta clau: Tu creus que seríem on som si els interlocutors fossin gent com José Antonio Pérez Tapias?

Desgraciadament, són majoria els que ens presenten com a espècimens primitius, egoistes, insolidaris, ambiciosos, garrepes, antipàtics i materialistes, tots, tots, víctimes d'una mena de virus que ens ha xuclat el cervell i ens ha substituït les neurones per barretines. Víctimes, en definitiva, d'uns quants Goebbels amb estelada que han concebut l'adoctrinament de l'escola catalana i la manipulació de la realitat via TV3. I si amb això encara no en tenen prou, després et vénen amb la història de la ruptura. Vaja, on seríem si no hi hagués hagut «ruptures» al llarg de la història? On seríem?

Dit això, que a Convergència i Unió, que és una coalició que abraça des de la dreta fins al centreesquerre, hi ha una avançada amb pulsions neoliberals és més que obvi; que tenen interessos en privatitzacions, també; que es van afegir a les retallades abans que ningú, ben cert; que laminen el sector públic, ets cec si no ho veus... Però s'ha d'estar molt carregat d'absenta o ser patològicament obtús per pensar que el *think tank* convergent ha dissenyat, amb l'ajuda de "la Caixa", el Banc de Sabadell, Abertis, Repsol, Gas Natural i els cent mil fills de Sant Lluís, el que avui estem vivint.

El president Artur Mas podia perfectament no haver fet el que ha fet. L'11 de setembre de 2012, es fa la foto amb Carme Forcadell, pren nota de la manifestació, se'n va a Madrid a demanar el pacte fiscal, acorda amb Rajoy dir que s'anirà negociant i santes pasqües.

Conec personalment el president Mas. Hi he parlat moltes vegades. No és una persona que busqui els extrems de res.

Però és que resulta que una bona part de l'electorat de Convergència vol decidir, saps? Com hi ha electorat i militants de Convergència i d'altres partits a l'Assemblea Nacional Catalana.

Tots els que diuen això de la cortina de fum deuen pensar que la història del catalanisme i dels greuges amb

Espanya va començar amb la crisi de les hipoteques escombraria i amb la caiguda de Lehman Brothers. Per favor!

El mes de desembre passat, es va fer a Barcelona el simposi titulat «Espanya contra Catalunya». Diversos ponents hi van analitzar amb criteris històrics, des del segle XVIII fins avui, les conseqüències que ha tingut per al país l'acció política, gairebé sempre de caràcter repressiu, de l'Estat espanyol envers Catalunya. Una bona part dels que diuen les collonades que tu has recollit en la pregunta es van escandalitzar, i la premsa de la caverna, que tan bé segueix el meu amic i periodista Jofre Llombart, va fer portades dient que això no era cert, que era un invent dels catalans que Espanya hagués reprimit mai Catalunya. Alguns van presentar querelles i van organitzar fòrums de «la veritat».

Particularment, no crec que el títol del simposi fos encertat per molts motius. Te'n dic un: no es pot fer un simposi que vols que sigui científic si ja en el títol et posiciones descaradament. Un altre: considerar Espanya com un tot. L'«Espanya ens agredeix» resta molt més que suma i, a més, no és cert, com tampoc no ho seria dir «Catalunya ens retalla». Seran els que governen Catalunya, però no Catalunya.

«Espanya contra Catalunya» és més un titular de diari i/o d'article d'opinió que d'un simposi. Dit això, el que s'hi va dir em va semblar inapel·lable.

Sí, és totalment cert i demostrable, els agradi o no els agradi, ho vulguin sentir o no ho vulguin sentir, que els diferents governs espanyols que hi ha hagut en tres segles, amb més o menys intensitat, ja siguin conservadors o progressistes, totalitaris o demòcrates, monàrquics o republicans, han tingut i tenen un objectiu molt clar:

l'assimilació de Catalunya i dels catalans a l'Espanya monolítica i excloent de matriu castellana.

I també queda molt clar que il·lustres prohoms catalans hi han col·laborat i hi col·laboren. Com també queda molt clar que l'assimilació no és defensada amb la mateixa intensitat per tots els sectors de la intel·lectualitat espanyola.

Espanya i Catalunya: possessions i llibertat

Entenen Catalunya com una possessió i, si han de suspendre l'autonomia i processar el president de la Generalitat, ho provaran de fer.

F.: *Segur que hi ha coses que et preocupen molt més que la polèmica que va generar el simposi. Detalls significatius.*

J.B.: Mira, de veritat, jo estic molt més preocupat per altres coses, com aquesta:

La Comissió Europea va publicar el mes de novembre passat l'informe «Indicadors sobre resultats d'innovació». En l'informe hi ha un índex en el qual 100 és la mitjana. Suècia, Alemanya, Irlanda i Luxemburg són els països de Champions, amb una puntuació de 120. Saps on és Espanya? Amb Txèquia, Estònia, Grècia, Malta, Romania i Eslovàquia, és a dir, per sota de la mitjana, amb una qualificació d'entre 80 i 90.

O aquesta altra:

Segons l'Eurostat (11-12-2013), els fills d'obrers i

agricultors tenen poques possibilitats de millorar la posició social que van tenir els seus pares i, probablement, els seus avis. Espanya ocupa, en aquest aspecte, el cinquè lloc per la cua entre els 28 països de la Unió Europea. I això és així des del anys seixanta!!!

Si l'*agitprop* espanyolista que es va escandalitzar pel simposi esmentat s'alcés davant d'aquestes dades que t'acabo de donar, hi hauria una mica d'esperança. Però no ho faran: són la claca dels que han condemnat i condemnen la majoria de ciutadans espanyols a l'empobriment i a l'endarreriment.

Em posa molt nerviós, t'ho dic de veritat, comprovar el descens cap a la desigualtat i la precarietat enmig del més absolut passotisme dels que tenen i ostenten el poder. Em sulfura veure com va desapareixent una bona part de la classe mitjana. Una classe mitjana que, ara, quan necessita la protecció de l'Estat, se li diu que no. És aquesta classe mitjana empobrida la que avui crida a favor de la justícia social. I necessita una resposta. Una resposta que no trobarà en l'oligarquia que domina l'Estat. Una casta i assimilats que condemnen Espanya des de fa segles, com ja he dit un munt de vegades.

I saps què? Doncs que ja ens ho hem dit tot.

F.: *Fins fa molt poc, el catalanisme sempre (o quasi sempre, almenys en el corrent principal) ha estat enfocat cap a una nova relació amb Espanya i, alhora, com a aposta per regenerar l'Estat. La independència es planteja com un canvi radical en el sentit que no hi ha voluntat de «col·laborar» sinó afany de «marxar». Quin és o quins són els motius pels quals s'ha passat de voler canviar Espanya a voler-ne marxar?*

J.B.: T'ho he mig dit abans: el fracàs, d'ells i de nosaltres —i perdona'm aquesta terminologia ells/nosaltres—. El d'ells perquè el seu objectiu era i és assimilar-nos. I, el nostre, perquè no hem aconseguit canviar-los. El fracàs d'una utopia: regenerar i modernitzar Espanya a fi de trobar-hi un encaix acceptable. Sí, fracàs, al cap i a la fi. Una pena.

Des de Valentí Almirall que estem així, saps? Hem estat segles demanant més autogovern i participant i impulsant la modernització d'Espanya. I, finalment, després de tot aquest temps intentant convèncer els que entenen Espanya com a «realitat uniforme, ahistòrica i excloent», que el millor per a tothom, per al progrés de tothom, és la unitat en la diversitat, és a dir, l'acceptació que Espanya és plurinacional i tot el que se'n deriva, hem acceptat que hem fracassat. I quan un fracassa, després de tant temps de picar pedra, té dues alternatives: deixar de fer-ho i acceptar ser assimilat o rebel·lar-se, que, en aquest cas, significa voler marxar.

Però fixa't que aquesta relació és perversa, perquè tu vols convèncer el que té el poder, el que mana. I ell et diu que tu no ets igual. De fet, et diu que no ets. Et nega. T'anul·la. Et dilueix. I, per si no t'ha quedat clar, et diu que mai dels mais no el podràs guanyar en una votació. És com si et diguessin això: «Jo no vull canviar i, a més, no permetré que em canviïs i faré tot el que pugui per assimilar-te, la meva gran assignatura pendent. I si algun dia t'atreveixes a marxar sense el meu consentiment, et vetaré en tots els clubs dels estats constituïts, imploraré que et caiguin totes les plagues i tots els mals, mouré tots els cels i totes les terres, tots els continents i tots els oceans. Serà la meva venjança, la meva venjança per haver deixat de ser meu.»

F.: *És exactament això. En lloc de diàleg civilitzat, exclusió radical, sentit quasi metafísic de la possessió.*

J.B.: Saps una anècdota molt il·lustrativa en aquest sentit? Quan Jorge Vestrynge era el secretari general d'Alianza Popular, un dia va preguntar a Fraga Iribarne: «*Don Manuel, ¿por què no celebramos un congreso del partido en Barcelona?*» I saps què li va respondre Fraga?: «*No hace falta. Es tierra conquistada.*» Me la va explicar Vestrynge quan va passar pel *Singulars*.

Ara tornaràs a pensar, com en l'assassinat de Kennedy, que vaig massa enrere i que les coses avui són molt diferents.

I tens raó. Són tan diferents que el Partit Popular es va oposar, l'any passat al Congrés, a considerar delicte la simbologia totalitària i nazi que incita a la violència i a l'odi, i a l'enaltiment i l'apologia del franquisme.

Mira, segons l'historiador Borja de Riquer, que té infinitament molta més autoritat que jo: «[...] el 15 de maig de 2011 va esclatar tot. La ciutadania va sortir al carrer i va posar en qüestió tot el sistema. El model de la Transició està esgotat. Els governants són tolerants o es beneficien de la corrupció, han malbaratat els recursos, són dòcils amb els especuladors i durs amb les demandes socials. El divorci entre els que governen i la societat és més que evident. Però no es preveuen canvis. L'oligarquia funcionarial, financera i econòmica de Madrid no vol canviar un model que la beneficia».

Torno a repetir el que ja vaig escriure en *S'ha acabat el bròquil*. La Transició espanyola és una claudicació amb honor. Els nostres representants d'aleshores, amb el nostre suport, van cedir davant dels hereus del franquisme el 1978. El que els colpistes havien aconseguit amb les armes el 1939, ho van aconseguir via Constitució el 1978. Són diversos els historiadors que descriuen com es va imposar, per part dels franquistes i militars, l'article 2 de la Constitució, el següent:

> Article 2
> La Constitució es fonamenta en la indissoluble unitat de la Nació espanyola, pàtria comuna i indivisible de tots els espanyols, i reconeix i garanteix el dret a l'autonomia de les nacionalitats i de les regions que la integren i la solidaritat entre totes elles.

Per a la dreta, en part hereva del franquisme —recordo que no el condemnen ni el volen condemnar, com tampoc no accepten que la República va ser una etapa democràtica—, aquest article 2 de la Constitució marca el final de la història. És, en definitiva, la seva victòria final: «*la indisoluble unidad de la Nación española*». És victòria, és possessió, és conquesta.

Torrente Ballester (Salamanca, 30/03/1995):

«*Es vuestro por derecho de conquista*» (la documentació de la Generalitat republicana espoliada per les tropes franquistes el 1939 que hi ha a l'Arxiu General de la Guerra Civil, a Salamanca).

Seria molt fàcil ara carregar contra els representants catalans que van ser ponents de la Constitució: Jordi Solé Tura i Miquel Roca i Junyent. Però no seria just. I, a més, aquestes coses no es poden fer sense tenir en compte el context i la correlació de forces que hi havia en aquells moments. O és que el 1978 érem, la majoria, independentistes?

F.: *La Constitució és sagrada i sembla que difícil de reformar, però, en canvi, sí que ha patit modificacions conjunturals.*

J.B.: La Constitució del 1978 ha complert trenta-cinc anys. Des de llavors fins avui, s'ha reformat dues vegades: l'any 1992, quan es va incloure «i passiu» en l'article 13.2 referent a l'exercici del dret de sufragi dels estrangers en les eleccions municipals; i el 2011, que és quan es modifica, per imposició «dels mercats», sí, ja ho sé, de la UE, l'article 135, que es reforma profundament, i on s'inclou el concepte «d'estabilitat pressupostària» per part de l'Estat i de les comunitats autònomes, i la prioritat absoluta del pagament del deute públic i dels seus interessos. I, després, la Llei orgànica 2/2012 del 27 d'abril, d'Estabilitat pressupostària i sostenibilitat financera, va desenvolupar l'article 135, i ho va fer així: «Com a norma general, el pressupost de les administracions públiques ha de tenir equilibri pressupostari, i el dèficit públic estructural no serà superior al 0,4% del PIB. El deute públic no serà superior al 60% del PIB.»

Aquesta llei orgànica va ser aprovada pel PP, CiU i UPyD, mentre que la reforma de l'article 135 ho va ser pel PP, PSOE i UPN.

Saps què significa aquesta llei orgànica? Doncs, l'article 135 i la llei orgànica que el desenvolupa volen dir que es tanca constitucionalment la porta a polítiques econòmiques alternatives a «l'austeritat expansiva». Sí, «limita la capacitat de l'Estat per dinamitzar l'economia a través d'una política d'estímul fiscal o d'inversions públiques», com diu l'economista José Moisés Martín Carretero.

I tot això es va fer sense sotmetre aquest canvi tan important de la Constitució del 1978 a consulta popular!

S'ha acabat. Ja n'estic cansat.

F.: *La Constitució com a text sagrat, que és l'antítesi d'una llei que es redacta en un context històric molt determinat. La realitat no és canviant? Per què no les lleis?*

J.B.: Parlant de lleis, a Espanya n'hi ha més de 100.000 i mira com anem!

Una Constitució no és la taula dels deu manaments escrits pel dit de Déu i lliurats a Moisès. I la reforma d'aquests dos articles que he explicat ho demostra. És més, el que significa la reforma de l'article 135 no és una cosa menor. De fet, jo crec que invalida molts altres articles de la Constitució, perquè impedeix que l'Estat pugi tenir dimensió social. La Constitució, ja en el seu preàmbul, diu:

- Cal promoure el progrés de la cultura i de l'economia per tal d'assegurar a tothom una qualitat de vida digna.

I, en el títol preliminar, article 1:

- 1. Espanya es constitueix en un Estat social i democràtic de Dret, que propugna com a valors superiors del seu ordenament jurídic la llibertat, la justícia, la igualtat i el pluralisme polític.

M'expliques com pot ser social un Estat la Constitució del qual impedeix que els seus governs puguin fer altra cosa que laminar la protecció social?

La Constitució la modificaran tantes vegades com els convingui, però no permetran canvis en l'article 2, el de la indissoluble unitat de la nació espanyola, perquè nosaltres som conquesta. Deixa'm que et recordi una intervenció memorable de Rajoy al desembre del 2013:

«Cataluña es uno de los temas más importantes que tenemos planteados en este momento y la posición que yo defiendo como dirigente político, como miembro del PP y como español, es sobradamente conocida. España es la nación más antigua de Europa, la que consiguió hace más siglos su unidad. Nunca Cataluña y el resto de España han vivido separados. Los lazos que nos unen son de todo tipo, lazos afectivos, históricos, comerciales, personales... y mi posición en ese sentido está clara. Como presidente del Gobierno, yo tengo algunas obligaciones, desde luego cumplir y hacer cumplir la ley. Es decir, yo no puedo autorizar un referéndum en Cataluña. No quiero, pero es que además no puedo, yo no podría autorizar un referéndum por ejemplo como el que hay en Escocia por la sencilla razón de que la soberanía nacional le corresponde al pueblo español, según dice la Constitución. Y, por tanto, si no hubiera una reforma de la Constitución, nunca podría un Gobierno, ni siquiera el Parlamento, autorizar un referéndum como el que se está planteando en Escocia. Es sorprendente que todavía haya quien no se haya dado cuenta de algo tan simple como eso.» (Mariano Rajoy. *El País,* 09-12-2013.)

A veure si ens entenem, ho vulguin o no ho vulguin els que hissen la gegantina bandera de la Plaza Colón de Madrid, a Espanya hi ha diferents grups nacionals. I aquest és el problema: que no els admeten.

L'article 2 de la Constitució et diu, i perdona que hi torni, que la nació espanyola és prèvia al temps. Nega cap realitat preexistent a la nació espanyola (*«La Nación española es la más antigua de Europa.»* M.Rajoy). Per tant, a tu, el que et correspon és acceptar sotmetre-t'hi, dissoldre-t'hi. És a dir, no refusar ser assimilat, diluït en el futur tan esplendorós que a tots ens acarona.

Que no, que el problema que tenim és que se'ns ha exclòs. I se'ns ha exclòs perquè el que se'ns ofereix és l'Espanya uninacional de matriu castellana:

Constitució espanyola
Títol preliminar
Article 1, punt 2:
La sobirania nacional resideix en el poble espanyol, del qual emanen els poders de l'Estat.

Podrem debatre, parlar, fer 500.000 seminaris, editar un milió de llibres, anar de romeria i tancar-nos en convents, però el que és impossible, és impossible: els que s'han apropiat d'Espanya no ens reconeixeran mai que som sobirans. Mai. I m'agradaria equivocar-me, de veritat, m'agradaria molt.

I en el cas hipotètic que es reformi, pel que fa a mi, jo no l'acceptaria si no es reconegués que Catalunya és una nació sobirana amb tot el que això implica.

Els acords s'han de fer entre iguals. S'entén, oi?

F.: *Però, Jaume, el PSOE no és el mateix que el PP...*

J.B.: És ben cert: el PSOE no és igual que el PP. Dit això, m'expliques on, en el document/declaració/acord de Granada del 6 de juliol de l'any passat, es diu que Catalunya és una nació i que som sobirans?

No te'n recordes? Aquí el tens:

http://www.psoe.es/source-media/000000562000/000000562233.pdf

No ho trobes, oi? Ni ho trobaràs!

«Los nacionalistas dijeron en 1978 que tenían suficiente. Fuimos ingenuos.» Alfonso Guerra (*El País*, 03-12-13)

Aquest *«tenían suficiente»* és molt il·lustratiu. De fet, ho diu tot.

En el congrés de Suresnes del 1974, un jove Rubalcaba defensava això:

«La definitiva solución del problema de las nacionalidades que integran el Estado español parte indefectiblemente del pleno reconocimiento del derecho de autodeterminación de las mismas que comporta la facultad de que cada nacionalidad pueda determinar libremente las relaciones que va a mantener con el resto de los pueblos que integran el Estado español.»

El 14 de desembre de l'any passat, va dir això:

«A la autodeterminación tenemos que decir no, ahora y siempre.»

Algun comentari?

PP i PSOE són les parets mestres de la partitocràcia, dels que avui *«acampan en el Estado»*. I en viuen, i tant, que en viuen!

El mateix Guerra (trenta-sis anys al Congrés!), i, com ell, molts altres socialistes, no dubtarien a demanar que s'apliqui aquest article de la Constitució el dia que fem el referèndum:

Article 155

1. Si una comunitat autònoma no complia les obligacions que la Constitució o altres lleis li impo-

sen, o actuava de forma que atemptés greument contra l'interès general d'Espanya, el Govern, previ requeriment al president de la Comunitat Autònoma i, en el cas que no l'atengués, amb l'aprovació per majoria absoluta del Senat, podrà adoptar les mesures necessàries per tal d'obligar-la al compliment forçós de les dites obligacions o per tal de protegir l'interès general esmentat.

2. Per a l'execució de les mesures previstes a l'apartat anterior, el Govern podrà donar instruccions a totes les autoritats de les comunitats autònomes.

No cal donar-hi gaires voltes. Entenen Catalunya com una possessió i, si han de suspendre l'autonomia i processar el president de la Generalitat, ho provaran de fer.

El diari *El Mundo* ja va demanar, amb motiu de la carta que el president Mas va enviar a vint-i-set caps de govern de la Unió Europea, aquest mes de gener, que el Govern espanyol suspengués l'autonomia de Catalunya.

No recordo de qui és, però l'expressió em va quedar gravada quan la vaig llegir: «*[...] han destruido la unidad de la conciencia de España*». Doncs això, ja ho veus, hem destruït el que, pel que es veu, el Big Bang ja portava implícit: la unitat de la consciència d'Espanya.

Aquesta «consciència» devia ser el que va impulsar el sector més *hooligan* del PP a recórrer l'Estatut del 2006 al Tribunal Constitucional. Un Estatut retallat amb satisfacció i publicitat pel mestre del ribot, Alfonso Guerra, i aprovat pel Congrés i referendat pel poble de Catalunya i, després, amputat per l'alt tribunal.

Què faria el PSOE si es volgués aplicar l'article 8 de la Constitució, aquest?:

Article 8

1. Les Forces Armades, constituïdes per l'Exèrcit de Terra, l'Armada i l'Exèrcit de l'Aire, tenen com a missió garantir la sobirania i la independència d'Espanya, defensar-ne la integritat territorial i l'ordenament constitucional.

2. Una llei orgànica regularà les bases de l'organització militar de conformitat amb els principis de la present Constitució.

F.: *No creus que hi ha massa pressa en tot aquest procés? Fixa't, en trenta-cinc anys, tu mateix ho has dit, el salt que ha fet Espanya en tots els sentits ha estat molt gran, i, ara, en menys de dos anys, s'opta per marxar. No s'hauria de donar més temps al temps, al diàleg, a explorar més camins per continuar junts?*

J.B.: La humiliació no té res a veure amb la pressa o la lentitud: és o no és, la perceps o no la perceps. I, a més, és constant i repetida al llarg del temps.

La sentència del Tribunal Constitucional el 2010, un tribunal totalment polititzat i deslegitimat, va ser una humiliació. I el no rotund de Rajoy al Pacte Fiscal, una ofensa.

Com podem qualificar el «*vamos a españolizar a los niños catalanes*» i la mateixa Llei Wert?

Què et sembla la voluntat recentralitzadora del Govern espanyol?

Has llegit i sentit la quantitat d'insults que hem rebut?

Creus que pots continuar fent res plegats amb els que et diuen nazi sense que siguin reprovats pel Govern espanyol?

I la situació de fallida de la Generalitat, una fallida sobretot a causa del mal sistema de finançament que patim?

Sí, ja sé que la gestió dels recursos públics per part del tripartit no va ser responsable, però el subfinançament de la Generalitat n'és la causa principal, es digui el que es digui. La Generalitat té tanta maniobra, avui, com un nen que encara no camina. Està intervinguda; no pot buscar diners en cap mercat. Necessita l'assistència de l'Estat, encara que sigui amb els nostres diners. Per això centenars de milers de persones opten per la independència, però per fer què? Per ser. Per aconseguir que, en aquesta Europa del segle XXI que s'està conformant, puguem mantenir, com a catalans, un cert grau de benestar. En el cas contrari, no vull ni imaginar-m'ho.

I què me'n dius de la fatxenderia tavernària de Cristóbal Montoro i la prepotència de la vicepresidenta?

Donar més temps al temps, dius? És ben curiós que quan l'opció independentista ha esdevingut majoritària hagin sorgit un munt de veus en defensa de la tercera via, és a dir, de l'entesa, del diàleg.

I què hem estat fent fins ara? No s'ha intentat el diàleg permanent? No ha estat el catalanisme polític un element indispensable per a l'estabilitat política d'Espanya? Què és això del diàleg? Que no s'ha dialogat, fins ara?

Saps què em va dir Felipe González en una de les entrevistes que li faig fer per a TV3? Que ell havia pressionat molt Pujol perquè pactés amb Aznar el 1996!

Ara, als que volen dialogar se'ls diu o, millor dit, s'autoanomenen «moderats». Bé, què vol dir ser moderat en aquest procés? Vol dir que, mentre l'altra part no ha mogut un sol dit des del 2012, tu has de posar l'altra galta, agenollar-te i demanar perdó? Vol dir que has de continuar acceptant que no ets nació ni tens dret a ser sobirà? És això la moderació? Perquè, si és això, visca la rebel·lió!

Les relacions han de ser lliures i entre iguals. I, la nostra, no ho és.

F.: *Aleshores, no creus que el procés porti massa acceleració, oi?*

J.B.: No. El problema del procés és que s'ha fet i es continua fent més partit que país. El problema és que després de les eleccions del 2012 s'hauria d'haver fet un govern de concentració sí o sí entre les forces clarament favorables al referèndum d'autodeterminació amb dos grans objectius i per ordre: qüestió social i qüestió nacional. Un govern de concentració fort i estable amb un calendari ben definit.

Avui, l'independentisme és majoritari a Catalunya. Qualsevol persona que vulgui saber per què ha deixat de ser residual s'adonarà que, en general, els ciutadans s'hi han apuntat, jo en sóc un exemple, després de respondre's un munt de preguntes sobre aquests tres temes, i que cadascú els ordeni segons el seu criteri:

- Futur
- Economia/Fiscalitat
- Identitat

Segons Cáritas Española, la renda de 18.500 euros que de mitjana van rebre els espanyols el 2012 és inferior, en termes de capacitat adquisitiva, a la que ja existia l'any 2001. Des del 2007, la renda mitjana ha caigut un 4%, mentre que els preus han augmentat un 10%.

Des del 2006, els ingressos de la població amb renda més baixa han caigut gairebé un 5% cada any en termes reals.

Des que ha començat la crisi, la diferència entre el percentil 80 i el percentil 20 ha crescut gairebé un 30%.

La taxa d'atur en menors de 25 anys és superior al 50%, una dada més que africana.

Dels gairebé 6 milions d'aturats que hi ha actualment, més de 2,2 milions fa dos anys o més que no desenvolupen cap activitat, cosa que significa que han esgotat la seva prestació. En el millor dels casos reben el subsidi assistencial de 426 euros.

I podríem continuar durant molta estona, omplint i omplint pàgines. Però vull resumir-ho així: l'austericidi vulnera drets socials. Amb l'austericidi s'abandonen, sobretot, els més pobres.

Jo no vull viure en un país així. De cap de les maneres. I ho torno a repetir: vull un futur millor per als meus fills que el que em garanteix l'elit depredadora espanyola amb les corresponents franquícies de moderats territorials. No vull que l'altre fill que tinc també hagi de marxar perquè no troba feina al seu país. No vull que cap persona sigui acomiadada per fets biològics com l'edat, per exemple. Vull que la política torni a imposar-se a l'economia i que la meva identitat no estigui constantment amenaçada. Així de clar.

El catedràtic de Sociologia de la Universitat Complutense de Madrid, Enrique Gil Calvo, es preguntava no fa gaire que «com és que el poble més culte, modern i il·lustrat de la península Ibèrica (Catalunya) ha caigut en aquesta regressió irracional». Per a Gil Calvo, els que optem per la independència som un enigma cultural, perquè de sobte «ens hem convertit en nacionalistes ètnics, victimistes i antiespanyols».

No sé de quines fonts beu Gil Calvo. El que sí que sé és que l'aigua que li donen o la que a ell li agrada beure està molt contaminada. Hauria d'honorar molt més la sociologia i preocupar-se de saber què passa aquí sense apriorismes.

És alarmant, de veritat, l'anàlisi que intenten fer la majoria de suposats intel·lectuals espanyols de les causes que ens han portat on som. I mira que és fàcil! I com que n'és molt, de fàcil, entenc que no són anàlisis acadèmiques, sinó oposició pura i dura, siguin catedràtics, doctors o premis Nobel.

La independència és només una eina

Que no ho veuen, això, els anomenats «moderats» i els setanta-quatre mil corrents del federalisme i els exploradors de les vies mortes del món mundial? O potser sí, que ho veuen?

F.: *Tinc amics que diuen que aquí hi ha una confrontació entre uns diguem-ne unionistes, espanyolistes, i uns altres que opten per una solució secessionista o sobiranista. «Però i els que som al mig?», em pregunten aquests amics.*

J.B.: Doncs en la vida hi ha moments en què has de prendre partit. El gruix de les retallades les marca Madrid. I una bona part dels problemes que arrosseguem provenen de no haver fet la ruptura i haver optat per la reforma, perquè la democràcia espanyola és de molt baixa qualitat. Ens domina la partitocràcia. Les estructures de poder a Espanya no han canviat, continuen essent gairebé les mateixes que en el franquisme. Patim un munt de problemes perquè no es van solucionar en el seu moment, perquè el que vam convenir va ser que la mateixa classe dirigent del franquisme continués com a tal en la democràcia, amb l'afegit de tots els masovers polítics que hi arribaven.

Aquest invent ha funcionat fins que ha esclatat la gran crisi. Quan posem un producte al mercat, oi que passa per un munt de tests? Doncs la pitjor crisi econòmica d'Espanya des de la fi del franquisme ha demostrat que aquest producte no es pot vendre. Perquè emergeix tot, perquè aquí no s'ha solucionat res, perquè ja, d'entrada, no se'ns reconeix, se'ns diu que no som un subjecte sobirà.

Perdona'm, una bona part dels problemes que tenim és perquè l'edifici no s'ha construït de manera adient. I truques a la porta dels que tenen les claus de l'accés principal i els demanes: «Podríem arreglar-ho?» I et responen: «No, aquí no s'arregla res. La Constitució és immutable, ahistòrica.»

F.: *Com la llei de la gravetat.*

J.B.: Trenta-cinc anys de lleialtat, intentant ser acceptats, i sempre, sempre, hem topat amb el mateix lloc. A més, amb un memorial d'incompliments impressionant. Economistes gens sospitosos de ser independentistes, perquè alguns treballen en institucions espanyoles, es pregunten com és possible que comunitats que aporten solidaritat hagin d'apujar impostos, mentre que comunitats receptores de solidaritat els puguin abaixar. Trenta-cinc anys després és intolerable. No pots dir que «això és un tema polític», perquè ets aquí i has de prendre partit.

F.: *Així, el plantejament dicotòmic està implantat definitivament: els unionistes i els independentistes.*

J.B.: El terme «unionista» és molt ampli. En aquest bloc hi trobaríem els que en cap circumstància volen la independència de Catalunya, i que majoritàriament se senten espanyols, no catalans. Hi trobaríem també els defensors de la conquesta, els de la possessió, com en les colònies. Després hi hauria els que no volen la independència de Catalunya però sí una millora de la seva relació amb Espanya, i per tant no són immobilistes. I després possiblement hi trobaríem els que són unionistes com a rebuig a la classe dirigent catalana, amb la qual no volen anar enlloc perquè la consideren més corrupta que l'espanyola.

Però, en referència al que deies, a aquest grup «d'entremig», que no tenen intenció de posicionar-se, els hauríem de saber explicar això de l'ordinalitat, i que, quan a un poble li ofereixes sotmetiment i asfíxia et triarà independència. Què no ho veuen això els anomenats «moderats» i els setanta-quatre mil corrents del federalisme i els exploradors de vies mortes del món mundial? O potser sí, que ho veuen?

F.: *Parlant de federalisme, creus que el PSC hauria volgut entrar en el govern de concentració de què parlaves?*

J.B.: Particularment, jo no he inclòs mai el PSC en el grup dels partits a favor del referèndum. Ho he escrit i ho he dit tantes vegades com ha estat necessari. I no em refereixo a la seva militància en general, sinó als seus dirigents. Dit això, sempre he sortit i surto en defensa del que ha fet el PSC a favor de la cohesió social i de la consolidació de les institucions de Catalunya. Només els cínics no ho volen veure.

Amb els resultats electorals de novembre del 2012 a la mà, vaig fer la següent classificació al meu Facebook:

Sobiranisme: CiU (50) + ERC (21) + CUP (3) = 74
Dret a decidir: CiU + ERC + ICV + CUP = 87 (+1)
Diguem-ne federalisme: PSC (20) + ICV (13) = 33
Discurs espanyolista: PP (19) + Ciutadans (9) = 28

El projecte del PSC és Espanya. I, si se n'obliden, ja els surten els Guerra i Bono de torn a amenaçar-los de crear el PSOE a Catalunya.

El fet que l'expresident de la Generalitat, José Montilla, sigui senador ja ho diu tot. Dit això, és molt més inclusiva l'Espanya del PSC que la del PSOE i, evidentment, la del PP.

F.: *Si finalment no es pot fer el referèndum, ets partidari de la declaració unilateral d'independència (DUI)?*

J.B.: Em permets una broma? Busca DUI al Google. Saps què et sortirà? Això: «*Driving under the influence.*» Ras i curt: majoritàriament, 'conduir begut o sota la influència de les drogues'.

Sense bromes, ara. No. Només seria partidari de la DUI, de la declaració unilateral d'independència, quan s'hagin exhaurit totes les possibilitats de fer un referèndum. I quan dic totes, vull dir això: totes.

En aquests moments, el que ens uneix és el referèndum. Per tant, tots els esforços haurien de dedicar-se a fer tot el possible per poder votar el 9 de novembre.

Quan el 12 de desembre es va anunciar la consulta,

Madrid s'hauria preocupat molt més del que ho ha fet si, a més, el president Mas hagués anunciat un govern de concentració amb les mateixes forces que van pactar la pregunta i la data. Però bé, això no es va fer. Que sí, que ja ho sé, que ara et preguntaràs com poden seure plegats els homes de Duran amb els de Fernández o Herrera, o els d'Herrera amb els de Fernàndez. Doncs, fent-ho, fent país i no partit.

Ara, si finalment la consulta no es pot fer, s'hauran de convocar eleccions, que, es vulgui o no, seran plebiscitàries.

En les hipotètiques eleccions plebiscitàries, alguns partits i coalicions hi aniran amb el compromís de declarar unilateralment la independència si aconsegueixen el suport necessari per fer-ho.

Quin hauria de ser aquest suport? D'entrada, han d'haver aconseguit la majoria absoluta i, evidentment, les dues terceres parts dels escons del Parlament. Però, per a mi, resultaria molt més significatiu el percentatge favorable a la independència que hi hagués entre els vots emesos, perquè són directes, sense filtres i/o desviacions de lleis electorals.

Fem un exercici, agafem els resultats de les eleccions del 2012 al Parlament, en les quals, com saps, hi va haver una participació molt alta: el 67,76%, el que significa que van votar 3.668.310 persones d'un total de 5.413.510 cridades a fer-ho. 1.745.558 es van abstenir (32,24%). 52.898 van votar en blanc (1,44%) i 33.140 (0,90%) van emetre un vot nul.

Si sumem el vots que van obtenir els firmants del pacte del 12 de desembre en què es va acordar la pregunta i la data, ens dóna 2.100.523, cosa que significa el 57,26%.

Amb aquests resultats, és a dir, gairebé un 70% de participació i el 57,26% favorable a la independència, no crec que tinguéssim problemes insuperables a l'hora de ser reconeguts per la comunitat internacional, i, com és obvi, es podria fer una declaració unilateral d'independència després d'haver tornat a intentar negociar amb Espanya i d'haver-ho anunciat al món.

Ara bé, en l'exemple anterior hem suposat moltes coses. Fem un repàs sense voluntat de ser exhaustius: que CDC i Unió s'hi presentarien en coalició, com fins ara; i que ICV-EUiA optés per incloure en el seu programa electoral la declaració unilateral d'independència. No cal fer gaires càlculs per adonar-se que, possiblement, aquell màgic 57,26% podria no repetir-se. Si això fos així, i encara que CDC i ERC poguessin obtenir majoria absoluta, seria acceptable per a la ciutadania que declaressin unilateralment la independència sense tenir les dues terceres parts del Parlament i, possiblement, amb menys del 50% dels vots emesos? Ho seria per a la comunitat internacional?

Sincerament, no crec que es pugui declarar la independència sense un suport que t'apropi més al 60% que al 50%.

Amb una DUI sense referèndum i amb resultats molt ajustats, els sacrificis de la població podrien ser enormes. I ho serien perquè no et reconeixeria ningú. I què passaria a dins de Catalunya? Tu creus que els centenars de milers de persones que avui votarien «no» estarien satisfetes de passar per aquests sacrificis? Tu creus que Espanya no atiaria el foc setanta vegades cada dia?

No, una DUI està molt bé declarar-la un cap de setmana d'excursió al Tagamanent tot cantant *Hevenu Shalom Aleichem*.

A la independència només s'hi pot anar després de preguntar-ho al poble. I, a més, ho torno a repetir, com més ens allunyem del 51%, molt millor.

F.: *Cal, en qualsevol cas, un resultat diàfan, sense escletxes.*

J.B.: Parla amb persones coneixedores de la comunitat internacional —no oblidis que són clubs d'estats— i amb diplomàtics. Jo ho he fet. Tots ells et diran que la participació hauria de ser, com a mínim, del 70% i que el «sí» hauria d'aproximar-se més al 60% que al 50%.

Sí, ja sé que hi ha persones que diuen que amb un 51% ja n'hi hauria prou. Fantàstic, jo no ho crec així. I em sembla que no m'equivoco, desgraciadament.

Fem ara un altre exercici, intentem respondre la pregunta amb dades de la 3a onada 2013 del Centre d'Estudis d'Opinió (CEO) i prescindint d'indecisos:

El 5,4% dels enquestats opta per ser una regió d'Espanya.

El 18,6%, una comunitat autònoma d'Espanya.

El 21,3%, un Estat dins una Espanya federal.

El 48,5%, un Estat independent.

El 4,00%, no ho sap.

El 2,20%, no contesta.

Extrapolem aquests resultats a la pregunta del 9 de novembre de 2014:

Vol que Catalunya esdevingui un Estat?

Sí 69,80% No 24%

En cas de resposta afirmativa, vol que aquest Estat sigui independent?

Sí 70% No 30%

El 70% del «sí» a l'Estat independent serien en realitat el 48,5% dels vots emesos, els que en la 3a onada del CEO diuen que volen un Estat independent.

Es pot declarar la independència amb només el 48,5% de la ciutadania a favor? Sincerament, no.

Ara bé, en aquesta mateixa 3a onada, el CEO pregunta: «Si demà es fes un referèndum per decidir la independència de Catalunya, vostè què faria?»

I el resultat és que el 54,7% votaria a favor de la independència per un 22,1% en contra.

Bé, em sembla que queda ben clar que la pregunta consensuada és un autèntic nyap, però crec que era l'única possible.

F.: *Aleshores, què proposes, quina és l'alternativa si no se'ns deixa fer la consulta?*

J.B.: Fer-la. Ara bé, s'ha de donar temps al temps. El Govern espanyol té sobre la taula una pregunta molt concreta i una data. Ja no és bla, bla, bla. No. És pregunta concreta i data.

Què passarà fins al 9 de novembre? El Govern espanyol, amb el suport del PSOE, negant-se a dialogar? Si és així, si continuen tancats amb la interpretació que fan de la Constitució com si fos la que Déu va escriure a Moisès, doncs, jo crec que s'hauria de canviar la pregunta, fer-la binària i ben clara, totalment homologable per la comunitat internacional. Aquesta: «Vol que Catalunya esdevingui un Estat independent?»

És a dir, que ja no és un nyap. I esperem que els «moderats» entenguin que l'immobilisme és el causant d'aquest conflicte i acabin afegint-se al procés.

Que ens agafen les urnes? Doncs les tornem a posar.

Que ens les tornen a agafar? Doncs les tornem a posar amb llum i taquígrafs. I així successivament. Nosaltres demanem votar: votar! És curiós que en una democràcia demanis poder votar, oi?

«*Let us vote*.»

T'imagines les fotos corrent pel món on diferents energúmens, uniformats o no, retiren urnes?

Amb tot, hi ha vegades que les coses et semblen tan òbvies, tan carregades de sentit comú, que et fan equivocar profundament.

Mira, ara t'explicaré un cas de com el que ens agrada sentir però no és una realitat, em va jugar, a mi i a altres persones molt conegudes, una mala passada al desembre passat. Em refereixo a l'error que vaig cometre quan vaig llegir en el programa de Jordi Basté a RAC1 una suposada *sentència* del Tribunal Internacional de Justícia de l'Haia en relació amb la declaració unilateral d'independència de Kosovo (22-07-2010).

Això és el que vaig llegir:

«Declarem que no existeix en Dret Internacional cap norma que prohibeixi les declaracions unilaterals d'independència. Declarem que, quan hi ha contradicció entre la legalitat constitucional d'un Estat i la voluntat democràtica preval aquesta segona. I declarem que, en una societat democràtica, a diferència d'una dictadura, no és la llei la que determina la voluntat dels ciutadans sinó que és aquesta la que crea i modifica quan sigui necessari la legalitat.»

Oi que sona bé? Oi que enforteix els nostres arguments? Oi que és el que hauria de ser? Doncs, no! El que jo vaig llegir no existeix. És fals. I el meu error va ser no comprovar la veracitat del que llegia, és a dir, saltar-me un dels principis bàsics del periodisme. I per això vaig reconèixer l'error i vaig demanar disculpes.

La conclusió del Tribunal de l'Haia va ser que l'adopció de la declaració d'independència del 17 de febrer de 2008 no va violar el dret internacional, la resolució 1244 (1999) del Consell de Seguretat o el marc constitucional:

«The Court recalls its conclusions reached earlier, namely, "that the adoption of the declaration of independence of 17 February 2008 did not violate general international law, Security Council resolution 1244 (1999) or the Constitutional Framework". Finally, it concludes that "[c]onsequently the adoption of that declaration did not violate any applicable rule of international law".»

Bé, el fet és que Kosovo no va violar el dret internacional quan va declarar la independència. I això és molt important; tot el dictamen ho és, perquè, com diuen molts juristes i politicòlegs, «és una peça clau en el desenvolupament i reconeixement jurídics del dret a decidir» (Jaume López). Una de les raons per les quals Espanya no reconeix Kosovo.

El que t'he explicat del meu error sobre Kosovo ens hauria de servir per adonar-nos que per molt lògiques, democràtiques, justes i òbvies que ens semblin les coses a vegades obeeixen més al desig que a la realitat. I la realitat és la que és i no la que voldríem.

Per exemple, Catalunya no és Kosovo, ni Somalilàndia, sortosament!

No cal que et digui que el meu error en donar per bona la falsa *sentència* de l'Haia, llegida a RAC1, va propiciar un atac molt virulent de l'*agitprop* unionista, negacionista i espanyolista. Aquell dia, els mateixos que menteixen conscientment i reiteradament van sortir de cacera, sobretot, al Twitter i en premsa espanyolista i excloent.

S'hi posaran com s'hi vulguin posar, però aquí es votarà d'una manera o d'una altra. I no ho podran evitar.

Que ens suspenen l'autonomia? Doncs els que vam participar a Via i els que creiem en la democràcia hauríem de sortir al carrer per quedar-nos-hi.

Per què creus que des del 20 de setembre de 2012 el meu mantra és «país i no partit»?

Ho repeteixo, volem o no volem el reconeixement de la comunitat internacional? Doncs, si ho volem, el millor que podem fer és arribar-hi a través d'un referèndum. I si, finalment, s'han de convocar eleccions, doncs s'han de guanyar contundentment per, després, convocar el referèndum.

F.: *Imagina't, ara, que s'ha fet la consulta i que el «sí» arriba més al 60% que al 50% i que la participació ha estat del 70%. Què passaria?*

J.B.: Doncs que tindries la força que ara no tens davant la comunitat internacional. Tornaries a negociar amb Espanya, una Espanya que ja sabria pel dret i l'inrevés que hi ha una majoria homologable amb estàndards internacionals a favor de la independència de Catalunya. Ja no hi aniries de genolls, per dir-ho bruscament. Si et tornen a tancar la porta, has de buscar empara en la comunitat internacional. Com veus, el procés és llarg. I, finalment, el Parlament, repeteixo, el Parlament, com a seu de la sobirania popular, i no cap líder il·luminat, és el que declararia la independència.

F.: *I quanta gent s'haurà perdut durant tot el viatge a Ítaca?*

J.B.: S'haurà perdut tota la gent que hi havia pujat per oportunisme i/o per arribisme. Això no és un foc de camp, de veritat. Ni una carta als Reis. A veure si ho entenem.

Però, mira, ja que parlem de gent, així en general, deixa'm dir-te que hauríem d'explicar que el que més qüestiona l'*statu quo* a Espanya i a Catalunya és votar. Votar el futur que volem. I com que votar el qüestiona, qüestiona el «matxembrat», com diria Buenafuente, els que conscientment en viuen fan tot l'impossible per no deixar-nos-ho fer.

F.: *I si Espanya fes una proposta?*

J.B.: Doncs, benvinguda. I, com diu el president Mas, s'hauria de sotmetre a referèndum.

Dit això, i pel que fa a mi, crec que si a Catalunya acceptem tornar a quedar-nos sense sobirania, sense el reconeixement que som nació amb tot el que això implica, tot aquest viatge no haurà servit de res. I hi tornarem a ser d'aquí uns anyets.

Madrid, i quan dic Madrid em refereixo als grups de poder que ocupen Espanya, poden pensar que aquest conflicte és només una qüestió de fiscalitat i que, per tant, amb una millora del finançament ja n'hi hauria prou. S'equivoquen.

Aquest «conflicte» es tancarà en fals si no s'accepta la plurinacionalitat de l'Estat espanyol. L'única alternativa a la independència de Catalunya seria «repensar» Espanya. Repensar Espanya en el sentit de reconèixer la seva diversitat i engegar un procés de reforma radical de les seves estructures productives, administratives i polítiques. Un procés que hauria d'acabar amb una nova Constitució en què es garantís la llibertat de les parts.

A veure si ens entenem: a mi no se'm deixa ser espanyol perquè no s'accepta com sóc. Aquest és el problema. Jo no sóc possessió ni conquesta. I, a més, no ho vull ser. I per això vull marxar.

F.: *Bé, Catalunya ja és un nou Estat sobirà i independent. Quin altre procés començaria?*

J.B.: El més apassionant, el que veritablement m'il·lusiona: el procés de construir un nou país, cosa que vol dir que s'hauria de fer un procés constituent.

A Catalunya tindríem una oportunitat magnífica per construir una societat d'alta qualitat democràtica. Podríem aconseguir dotar-nos d'una Constitució avançada en la qual s'impulsés l'apoderament de la ciutadania. Una ciutadania cridada sovint a votar a través de referèndums consultius i vinculants.

Aquest país està fet per gent emprenedora. Tindríem l'oportunitat de repensar la nostra Administració, decidir quin ha de ser el nostre model educatiu, quina ha de ser la nostra política econòmica, quines són les línies vermelles que no es poden superar, en equitat i en justícia social. Com es fiscalitza la nostra elit.

Tindríem l'oportunitat d'apostar per l'economia productiva en lloc de l'especulativa. I tindríem l'oportunitat de decidir com volem que es distribueixi la riquesa del país.

Tindríem l'oportunitat de fer un pla de país que, en la meva opinió, hauria de fer de Catalunya un país, una societat, basat en l'impuls del coneixement i de la innovació. Una societat que et permeti tenir valor afegit i ser competitiu al món i, al mateix temps, que et garanteixi el manteniment de l'estat del benestar o, si vols dir-ho així, de la cohesió social.

Sí, tindríem l'oportunitat de tornar a decidir: entre acceptar ser perifèria de segona sense poder de decisió, amb una economia basada en mà d'obra barata i amb poc valor afegit, o dedicar tots els esforços haguts i per haver a ser capdavanters en recerca, innovació i creixement sostenible.

La independència per ella mateixa no ens garantirà res del que he dit. Res. Per això vull tornar a posar èmfasi en la necessitat d'entendre-la com una eina, com un instrument per construir.

No sé com acabarà tot, de veritat. Per això, en moltes de les xerrades que faig, sempre se'm pregunta si ho veurem, si veurem Catalunya independent. I jo els dic: «país i no partit». I, després, passo la pregunta al poeta:

Cridem qui som i que tothom ho escolti.
I en acabat, que cadascú es vesteixi
com bonament li plagui, i via fora!,
que tot està per fer i tot és possible.

Miquel Martí i Pol

Votem?

Índex